《上海市景观照明管理办法》
解读

上海市绿化和市容管理局　编

上海人民出版社

主　编

邓建平

副 主 编

缪　钧

编　委

王　辉　李　萍　丁勤华　蒋唯峰

撰 稿 人

朱　敬　邵　岚　陈寅胜　迟海宁　陈玮炜　方　磊

目　录

前　言

　　景观照明是展示城市软实力的有效载体和塑造高品质生活的鲜明标识。上海市委、市政府高度重视景观照明工作,将其作为建设"美丽上海"、提高城市精细化管理水平的重要任务。上海市景观照明工作坚持服务高质量发展、推动高效能治理,为促进消费、发展旅游、创造高品质生活助力。

　　上海是一座具有灯光文化的城市,是国内景观照明建设的起源之地。1882 年,亚洲第一盏路灯在黄浦江畔点亮。20 世纪 20 年代起,"夜上海"就闻名远东。新中国成立后,上海景观照明发展经历了三个阶段。第一阶段是探索阶段(1978—2000年),随着改革开放、城市发展,上海逐渐"亮"起来,外滩、小陆家嘴地区利用大功率的气体放电灯、白炽灯、线条灯等,形成外滩近代建筑与浦东现代建筑的灯光对话。第二阶段是有序发展阶段(2001—2017 年),上海抓住举办 APEC 会议、六国峰会、世博会、进口博览会等重大活动契机,加快建设景观照明,逐步运用动态灯光表演模式,形成黄浦江两岸外滩、北外滩、小陆家嘴地区的景观照明联控联动格局,低碳节能灯具逐步使用。第三阶段是快速发展阶段(2018年至今),2017年9月,《上海市景观照明总体规划》(以下简称《2017版规划》)颁布实施,《上海市景观照明管理办法》(上海市人民政府令第25号公布,以下简称《办法》)颁布施行,黄浦江光影秀成功展演,"一江一河两高架(黄浦江、苏州河、延安路高架、南北高架)"及"五个新城"景观照明建设全面启动,低碳节能灯具广泛使用。2022年12月1日,新修订的《上海市市容环境卫生管理条例》正式施行,标志着上海市景观照明工作迈入法治化、精细化的高质量发展新阶段。2023年12月,市政府以沪府〔2023〕70号文批复的《上海市景观照明规划(2024—2035年)》(以下简称《照明规划》)是国内首部体现多规合一管控、多元产业融合发展思路的景观照明规划。

《办法》共二十三条。对景观照明规划、建设、运行、维护、拆除等全生命周期予以规范和引导。《办法》对标国际"最高标准、最好水平",立足"改革开放排头兵、创新发展先行者"的定位,坚持"提升品质、控制规模"相结合,围绕"国内领先、国际一流"的目标,将景观照明的管理定位由"锦上添花"向"公共产品"转变,发展方式由"规模扩张型"向"品质提升型"转变,资金保障由"重大活动促进式"向"常态长效管理式"转变,按照"全过程、全要素、全方位"的管理思路,建立健全景观照明全生命周期管理机制。

为了便于政府部门、行业企业、社会各界学习《办法》,推动景观照明精细化管理再上新台阶,在上海市司法局的指导下,上海市绿化和市容管理局组织编写了《办法》解读,力求准确阐述立法意图、条款内容、施行中需要注意的问题,做到观点正确、内容全面、解释权威。希望《办法》解读的出版发行,能够为各级政府管理部门、设置单位和社会组织领会好、执行好规章提供有益的帮助,进一步推进景观照明全生命周期管理,为将上海夜景打造成为鲜明的城市 IP,为"美丽上海"、卓越的"全球城市"建设助力。

第一部分

解　　读

第一条　（目的和依据）

为了规范本市景观照明管理,改善城市夜间景观,展示城市历史文化风貌,根据《上海市市容环境卫生管理条例》和其他有关法律、法规的规定,结合本市实际,制定本办法。

[解读]　本条是关于《办法》立法目的和依据的规定。

立法目的是一部法律法规所要实现的目标,立法者依照所设定的立法目的设计对应的制度、措施,确定立法所调整的对象,在已有管理规范、管理效果、管理经验以及政策、决策等基础上,科学合理地选择相对最优的立法方略和措施对策,并最终以成文法的形式固定下来。可以说,立法目的是一部法律法规的灵魂,在立法中起着提纲挈领的作用。它是立法的起点,又贯穿于立法始终,最后体现在立法的实效上。整个立法活动以及后续的立法实施,都是围绕着立法目的展开,为立法目的服务。

景观照明是以各种光源形式设置的户外装饰性照明,始于20世纪20年代美国纽约提出的城市夜景照明理念。景观照明是功能性照明的延伸和创造;相比于功能性照明,景观照明更侧重于艺术性与装饰性。

景观照明与城市经济、文化、社会、自然因素密切相关，对塑造城市整体形象有着重要作用。景观照明是现代化城市不可或缺的重要组成部分，不仅展示城市的繁荣形象，也体现城市的文化内涵，更是城市现代化的重要标志。城市居民对于照明的需求也已经从最初的"亮起来"升级到"美起来"。

自1882年中国第一盏电灯在上海礼查饭店（后改名浦江饭店，现为中国证券博物馆）亮起以来，灯光与上海这座国际都会城市相伴成长。在上海成长为一个现代化国际大都市的进程中，灯光一直是这座城市的重要角色，改革开放以来，随着经济社会事业发展，上海城市景观照明从无到有迅速发展，形成了覆盖全城的景观照明。迥异的风格、缤纷的色彩、典雅的宁静、闪烁的韵律，让上海成为名副其实的"不夜城"。城市景观照明成为上海一道靓丽的风景线，展示了上海城市形象、上海人的精神风貌，反映了上海万商云集、繁荣繁华的景象，向世界昭示了上海改革开放发展的成果。灯光展现了上海海派城市的美，展现了世界都市无穷的魅力，吸引国内外嘉宾近悦远来，给到访上海的中外嘉宾留下了深刻印象。流光溢彩的灯光夜景已经成为上海一张不可或缺的城市名片。

20世纪90年代到上海看灯光夜景就是中国长三

角的一个特色旅游项目,就连各国的元首、各省市主要
领导到上海访问,看城市夜景也成了一个保留节目。进
入 21 世纪以后,2001 年 APEC 会议在上海召开,上海
首次使用大功率的照明,在外滩地区组织了一次名为
"亚太腾飞"的大型、动态灯光表演。2006 年六国峰会
在上海举行,浦西延安东路至外白渡桥、浦东东昌路到
陆家嘴两侧各绵延 1.5 公里的彩色探照灯,全部由计算
机远程控制,定时循环亮灯,形成名叫"和平畅想"的巨
型表演式动态景观照明,绚丽斑斓,美不胜收。2010 年
世界博览会在上海举办,在开幕式上,"火树银花庆世
博,琼楼玉宇不夜天"的世博之光得以成功演绎,给出席
开幕式的中外嘉宾以及观看实况转播的世界各国人民
留下了难以忘怀的印象。2018 年起,为了迎接进博会,
上海面向全球征集设计方案,并最终获批通过《黄浦江
两岸景观照明总体方案》,景观照明得到全线升级——
黄浦区老外滩保留老建筑的特性;浦东新区的陆家嘴展
现现代感的魅力;虹口区的 45 公里滨江岸线重点打造
绿化照明,悠闲而安逸;杨浦区利用灯光凸显后工业在
新百年的蓬勃生机……不仅把"绚丽黄浦江、魅力夜上
海"打造得淋漓尽致,更是再一次宣示中国坚定不移推
进改革开放的决心!

　　凭借景观照明建设取得的骄人成绩,上海成为 LUCI

协会(国际灯光城市协会)最初成立时的唯一亚洲城市成员。随着经济社会发展,上海景观照明保有规模不断扩大,截至2022年年底,现有景观照明灯具总盏数为356万盏(其中LED灯具总盏数为329万盏,占92%),额定装配总功率8.6万千瓦,建设规模和质量处于国内领先、国际一流的水平。

景观照明在改善城市夜间景观、展示城市历史文化风貌方面具有重要作用,相应地,如何进一步提升景观照明管理的系统性、科学性、有效性,就成为当务之急。从上海景观照明管理工作实践来看,仍有一些方面的问题和不足,需要着重予以完善和提升:

第一,以往景观照明的建设,偏重于配合重大活动需要实行特定项目化运作,比如2001年的APEC会议、2006年的六国峰会、2010年的上海世博会、2018年至2024年七届进博会等。配合重大活动需要进行景观照明建设的模式有其必要性和特定优势,但如果过于依赖此种模式,容易产生"一条腿走路"的不足,产生突击式、运动式倾向,在系统有序推进景观照明建设方面是存在不足的。因此,有必要进一步发挥规划的引领作用,推进景观照明建设朝着常态化方向发展。

第二,景观照明具有"准公共产品"属性,即同时涉及公共利益和私人利益,社会价值和经济价值交织在一起。有学者指出，这说明景观照明具有外部性这一事实，而且是正外部性、负外部性共存，需要政府介入，保证其可持续供给。将景观照明视为"准公共产品"，即意味着其不具有纯粹的公共产品或私人产品的属性，但在一定程度上又或多或少地同时具有这两种产品性质。那么相应地，景观照明作为一种产品的供给，就是一种混合供给模式，即兼有政府供给和私人供给的特点。一旦两种利益间产生不平衡，在一定程度上将影响到社会主体在建设、运行、维护上的积极性和自觉性，需要必要的制度设计和规范予以引导和强化。

第三，一些景观照明项目与周边区域的协调性不够，即所谓的"该亮不亮、不该亮瞎亮"。更进一步说，即使该亮的亮，也有一个色彩、动态、显示效果的和谐统一问题，以实现"1＋1＞2"的整体效果。从根源上说，这同样是景观照明"准公共产品"属性中私人利益扩张，产生与公共利益不平衡的表现。从私人利益或者说经济价值角度而言，设置景观照明的直接目的是吸引眼球、吸引人流并借此促进交易、获得利润，由此对于商家而言，在设置伊始，天然有着"鹤立鸡群"的效果追求；至于在所在区域是否可以达到景观照明效果的和谐统一，是否可以体现整体效果，让所在区域从中受益，则不是必然考虑的选项。由此，从公共利益和社会价值角度出发，政府有必要采取相应的方法,比如通过集中控制等制度的设计和集中控制措施的落实,促进景观照明整体效果的提升。

对于以上主要问题和不足,通过地方立法,规范和完善景观照明管理,是延续和固化实践措施成效、创新制度设计、解决新生问题的重要保障手段。单行制定关于上海市景观照明管理的政府规章,也是必要和可行的。由此,在本条中,体现出来的立法目的就总结为"规范本市景观照明管理,改善城市夜间景观,展示城市历史文化风貌"。其中,规范景观照明管理可以归结为直接目的,即《办法》是将景观照明管理规范以规章形式固化下来;改善城市夜间景观、展示城市历史文化风貌可以归结为根本目的,是基于管理规范固化的情况下,体现的景观照明实效。

需要指出的是,各个国家或者城市地方的立法目的,通常反映该国家或者城市的发展水平和管理目标。国内城市早期的景观照明立法,由于景观照明发展尚处于初期,强调建设,立法目的同样重在推进景观照明建设,美化环境;而近若干年的立法,由于景观照明规模扩大,强调建管并举,通过立法体现加强规范管理、促进能源节约、实现绿色发展,从而提升景观照明整体效果进而更好体现城市文化风貌的目的更为鲜明。由此,立法目的也体现出其所处的时代背景和特征。

《办法》的立法依据主要是上海市人大常委会2001年制定的《上海市市容环境卫生管理条例》(2001年11月14日上海市第十一届人民代表大会常务委员会第三十三次会议通过,根据2003年4月24日上海市第十二届人民代表大会常务委员会第三次会议《关于修改〈上海市市容环境卫生管理条例〉的决定》第一次修正,根据2009年2月24日上海市第十三届人民代表大会常务委员会第九次会议《关于修改〈上海市市容环境卫生管理条例〉的决定》第二次修正,根据2018年12月20日上海市第十五届人民代表大会常务委员会第八次会议《关于修改〈上海市供水管理条例〉等9件地方性法规的决定》第三次修正,2022年9月22日上海市第十五届人民代表大会常务委员会第四十四次会议修订,以下简称《市容条例》)、1994年制定的《上海市环境保护条例》(1994年12月8日上海市第十届人民代表大会常务委员会第十四次会议通过,根据1997年5月27日上海市第十届人民代表大会常务委员会第三十六次会议《关于修改〈上海市环境保护条例〉的决定》第一次修正,2005年10月28日上海市第十二届人民代表大会常务委员会第二十三次会议第一次修订,根据2011年12月22日上海市第十三届人民代表大会常务委员会第三十一次会议《关于修改本市部分地方性法规的决定》第二次修正,根据 2015 年 6 月 18 日上海市第十四届人民代表大会常务委员会第二十一次会议《关于修改〈上海市环境保护条例〉等 8 件地方性法规的决定》第三次修正, 2016 年 7 月 29 日上海市第十四届人民代表大会常务委员会第三十一次会议第二次修订,根据 2017 年 12 月 28 日上海市第十四届人民代表大会常务委员会第四十二次会议《关于修改本市部分地方性法规的决定》第四次修正,根据 2018 年 12 月 20 日上海市第十五届人民代表大会常务委员会第八次会议《关于修改本市部分地方性法规的决定》第五次修正,根据 2021 年 11 月 25 日上海市第十五届人民代表大会常务委员会第三十七次会议《关于修改〈上海市献血条例〉等 4 件地方性法规的决定》第六次修正,根据 2022 年 7 月 21 日上海市第十五届人民代表大会常务委员会第四十二次会议《关于修改〈上海市环境保护条例〉的决定》第七次修正,以下简称《环保条例》)。2021 年制定的《上海市黄浦江苏州河滨水公共空间条例》(由上海市第十五届人民代表大会常务委员会第三十七次会议于 2021 年 11 月 25 日通过,自 2022 年 1 月 1 日起施行,以下简称《一江一河条例》)。

《市容条例》专设"市容管理"一章,用四条专门对景观照明作了相关规定:

第二十四条:"设置景观照明等户外设施,应当与区域功能相适应,与街区历史风貌和人文特色相融合,与周边景观和市容环境相协调。"

第二十五条:"市绿化市容部门应当会同有关部门编制景观照明规划,报市人民政府批准。景观照明规划应当划定景观照明设置的核心区域、重要区域、重要单体建(构)筑物以及禁设区域。

市、区绿化市容部门应当按照职责分工,会同有关部门编制核心区域、重要区域、重要单体建(构)筑物的规划实施方案,报同级人民政府批准。

禁止在景观照明规划划定的禁设区域设置景观照明。在核心区域、重要区域以及重要单体建(构)筑物的规划实施方案,报同级人民政府批准。

禁止在景观照明规划规定的禁设区域设置景观照明。在核心区、重要区域以及重要单体建(构)筑物上设置景观照明的,应当按照规划实施方案和技术规范设置。其他区域内设置景观照明的,应当符合技术规范要求。违反规定的,由城市管理综合执法部门责令改正或者责令拆除;拒不改正或者拆除的,处五千元以上五万元以下罚款。"

第二十六条:"在景观照明规划规定的核心区域、重要区域、重要单体建(构)筑物上设置的景观照明应当分别纳入市级、区级景观照明集中控制系统,对启闭时间、照明模式、整体效果等实行统一控制。景观照明未纳入集中控制系统的,由城市管理综合执法部门责令改正;拒不改正的,处一万元以上五万元以下罚款。

本市举办重大活动以及重大节日期间,区级景观照明集中控制应当遵守市级统一的景观照明集中控制要求。"

第二十七条:"景观照明的设置者应当保持景观照明的整洁、完好和正常运行。对存在安全隐患或者失去使用价值的景观照明,设置者应当及时整修或者拆除。违反规定的,由城市管理综合执法部门责令改正或者责令拆除;拒不改正或者拆除的,处五百元以上五千元以下罚款。"

《环保条例》涉及五条对景观照明作了相关规定:

第十九条:规定景观照明等相关规划中平衡好"亮化"与"污染"的矛盾,明确分区域亮度管理措施,对不同区域的照明效果和光辐射控制提出要求。

第二十七条第二款:规定住建、绿化市容等部门应当依据城市照明相关规划和节能计划,完善城市照明智能控制网络,推广使用节能、环保的照明新技术、新产品,提高照明的绿色低碳水平。

第六十五条第二款:规定景观照明以及户外广告、

户外招牌等设置的照明光源不符合照明限值等要求的，设置者应当及时调整，防止影响周围居民的正常生活和车辆、船舶安全行驶。本市住房城乡建设、绿化市容行政管理部门应当按照职责加强监督管理。

第六十六条第二款：规定禁止设置直接射向住宅居室窗户的投光、激光等景观照明。在外滩、北外滩和小陆家嘴地区因营造光影效果确需投射的，市绿化市容行政管理部门应当合理控制光照投射时长、启闭时间，并向社会公布。

第九十三条第一款：规定违反本条例第六十六条第二款规定，设置直接射向住宅居室窗户的投光、激光等景观照明，或者在外滩、北外滩和小陆家嘴地区投射不符合控制要求的，由城管执法部门责令限期改正或者拆除；逾期不改正或者拆除的，处五千元以上五万元以下的罚款。

《一江一河条例》涉及一条对景观照明作了如下规定：

第三十二条：规定滨水公共空间内应当按照两岸融合、经典传承的要求，根据景观照明规划及其实施方案和技术规范，合理采用泛光照明、内透光照明等方式，推进设置安全美观、智慧节能、层次丰富、与所在区域整体光环境相协调的景观照明设施。

此外，经住房和城乡建设部第 55 次部常务会议审议通过,自 2010 年 7 月 1 日起施行的《城市照明管理规定》(建设部令第 4 号),对包括功能照明、景观照明在内的城市照明,以部门规章的形式作了规定;同时,废止了原部门规章《城市道路照明设施管理规定》(建设部令第 21 号)和《建设部关于修改〈城市道路照明设施管理规定〉的决定》(建设部令第 104 号)。总之,制定一部符合法律法规规定和精神、契合上海市实际情况的景观照明管理办法,有助于各级政府、相关行政管理部门、社会组织、单位和全社会全面、系统地了解对景观照明进行规范的重要意义,增强相关单位和个人的主体责任意识,实现全方位、全过程管理,从而持续提升景观面貌,促进景观照明绿色低碳发展,更好地向全世界展示具有中国气派和中国美学的"大国大城"形象,力争成为全球城市景观照明典范,打造更多夜景新地标、夜景旅游新点位,策划、培育更多多元共生、跨界共赢的文化艺术展示活动,推动商业、旅游、文化、体育、会展等多产业融合发展,进一步提升城市形象。上海市政府从政府规章层面对景观照明相关活动进行规范,是本市景观照明管理工作法制化的又一个新起点,标志着对景观照明管理工作有了新认识、新措施,朝着更为完善的方向前进。

第二条 (适用范围)

本市行政区域内景观照明的规划、建设、运行、维护及其相关监督管理活动,适用本办法。

[**解读**]　本条是关于景观照明有关活动的适用范围的规定。

法律规范的适用范围,又称法律规范的效力范围,主要包括空间效力范围、行为活动范围、行为主体范围等。空间效力范围,又称法律规范适用的地域范围;行为活动范围,即法律规范对什么行为活动发生效力。本条对《办法》适用的地域范围和行为活动范围作了明确规定。

本条规定包含两层意思:

第一,界定了《办法》适用的地域范围为上海市行政区域。这是规章中最为常见的情况,即表明该规章的地域范围具有普遍性,普遍适用于制定规章的管理部门所管辖的全部领域。通俗地讲,《办法》适用的地域范围即指上海全境。

第二,界定了《办法》适用的行为活动范围为景观照明的规划、建设、运行、维护及其相关监督管理活动。这意味着《办法》在后续条文中所规定的相应制度设计、管理措施包括处罚手段等,都将围绕着这些环节展开。正如前文所述,对景观照明的管理是一个体系性规范。构建这样一个体系性规范,将哪些环节纳入其中,需要考虑的因素不少,重点有以下两个因素的考虑:

一是从实际管理和服务需要出发。上海市景观照明管理实践表明,在规划、建设、运行、维护等环节存在一些不足和问题,有着进一步改善和提升的空间,相应地,《办法》需要逐一对此作出回应,提供必要的法制保障。

二是参考上位和同位法律资源。作为最直接的上位法依据的《市容条例》,其第二十五、二十六、二十七条中可以提炼出若干关键表述,包括"编制景观照明规划""按照规划实施方案和技术规范设置""纳入市级、区级景观照明集中控制管理""保持景观照明的整洁、完好和正常运行"直至"违反规定的,责令改正或者责令拆除"等,这实际上提示了景观照明管理涵盖的环节涉及规划、建设、运行、维护及其监管。当然,是否需要对上位法所明确的具体环节,在《办法》中作出取舍,则又需要结合考虑前述实际管理和服务的需要这一因素。同时,从同位法律资源而言,此次景观照明管理系首次以政府规章形式进行立法,相关的具体环节及其监管内容尚未出现在其他政府规章中,这就表明《办法》在适用范围上的基本方向是从源头的规划到实际的建设运行维护,以及政府部门的相关监督管理活动,需要具备必要的完整性,共同构成此次立法关于景观照明管理规范的体系。

第三条 (定义)

本办法所称景观照明,是指利用建(构)筑物以及广场、公园、公共绿化等设置的,以装饰和造景为目的的户外人工光照。

[解读] 本条是关于景观照明名词含义的规定。

对于什么是景观照明,实践中有不同的理解,反映在立法上也有不同的阐释。住房和城乡建设部的《城市照明管理规定》将城市照明定义为:城市照明是指在城市规划区内城市道路、隧道、广场、公园、公共绿地、名胜古迹以及其他建(构)筑物的功能照明或者景观照明。其中,将景观照明定义为在户外通过人工光以装饰和造景为目的的照明。

根据国际照明委员会(CIE)的定义,景观照明是指夜间室外城市景观装饰照明,是为了满足人的审美需要而进行的照明活动,泛指除体育场、工地和室外安全照明外,所有室外活动空间或景观的夜间景观照明;包括建筑物、广场、道路和桥梁、名胜古迹、园林绿地等,目的在于利用灯光将上述照明对象的景观加以重塑,并使之有机地组合成一个和谐协调、优美壮观和富有特色的夜景图画,以此来表现一个城市或地区的夜间形象。

《城市夜景照明设计规范》(JGJ/T163—2008)规定夜景照明泛指除体育场场地、建筑工地和道路照明等功能性照明以外,所有室外公共活动空间或景物的夜间景观的照明,亦称景观照明。

从以上对景观照明含义的不同表述来看,其蕴含的基本要素是清晰的:其一,与功能性照明相区别;其二,不简单等同于景观灯光设施;其三,外在表现是组合式的景观效果。由此,结合上述关于景观照明含义的多种表述,《办法》如何进行定义,需要考虑几个因素:一是,在总体表达上,尊重一般理性的人对景观照明的惯常认识,即所谓的"不出格";二是,在具体表述上,文字不可过于学术和深奥,不可因文字逻辑混乱而产生歧义,给非专业人士阅读《办法》带来不必要的理解障碍;三是,定义直接影响到后续的管理制度措施设计,必要时要起到一定的对适用范围和管理重点的提示和强化作用。

此次《办法》制定过程中对定义进行斟酌时,重点考虑了《城市照明管理规定》的定义条款,最终规定景观照明"是指利用建(构)筑物以及广场、公园、公共绿化等设置的,以装饰和造景为目的的户外人工光照"。在该定义中,"户外人工光照"和"装饰和造景为目的"是关键表述,其界定了景观照明的内涵外延,并因此与其他类似概念和事物相区别,体现出其独有性。从本条定义出发,景观照明与功能性照明、户外广告设施的区别就显得相当清晰了。

首先,景观照明不同于功能性照明。景观照明与功能性照明有相同之处,包括都属于户外照明,都采用人工光(即排除了日光、月光等自然光);但两者区别也是十分明显的:第一,照明目的不同。景观照明是以装饰和造型为目的,是为人们审美的需要而提供的一种艺术形式;而功能性照明,顾名思义,是以照亮为直接目的,以保障人们出行和户外活动安全为目的,服务于人们的生产经营活动和日常生活需要。实践中,两者体现的照明目的可通过人们的生活常识和日常感知而直接予以分辨。第二,所处场所不同。这里所称的场所不同,并非绝对的区域排他性,但一般而言区别较为明显。功能性照明典型的设置场所在道路、建筑工地、露天型体育场馆;而在其他公共场所及大量的建(构)筑物上,普遍出现的是景观照明。当然,目前实践中也出现了道路上的功能性照明与景观照明并存的情况,这类情况下是否需要严格界定两类照明的关系,尚可进一步研究。

其次,景观照明不同于户外广告设施。户外广告设施,一般是指利用建筑物、构筑物、场地设置的霓虹灯、展示牌、电子显示装置、灯箱、实物造型以及其他形式的向户外空间发布广告的设施。由于户外广告表现形式既包括霓虹灯、电子显示装置、灯箱等人工光物体,也有通过灯光照明照亮广告牌从而显示广告内容的形式,因此,容易与景观照明产生混淆。但两者仍由本质上的区别,其关键在于目的的不同。尽管户外广告采用若干灯光形式,等灯光照亮仅仅是手段,服务于广告发布这一目的,无论通过灯光照明形式产生多少吸引眼球的设计和效果,归根结底仍然是以吸引受众关注广告内容为目的,系为广告主提升产品知名度、扩大销售面、提升企业形象等生产经营活动而服务。景观照明以装饰和造景为目的,其本身不具有发布广告的功能和目的。这里还需要补充的是,户外广告设施使用灯光设施的,在技术规范层面往往参照景观照明有关技术规范,来判断户外广告设施使用的灯光设施是否符合要求,如照明亮度是否存在光污染、灯光设施是否牢固安全、电气使用是否安全等,并进一步影响到户外广告设施是否合法合规地设置。

此外,《环保条例》《市容条例》《一江一河条例》和《办法》均采用"景观照明"表述。《环保条例》《市容条例》作为上位法,《环保条例》第十九、二十七、六十五、六十六、九十三条的相关规定包括参数管控、低碳节能、灯光投射、处罚与强制措施等方面要求,《市容条例》第二十四、二十五、二十六、二十七条的相关规定包括规范设置、报批规定、处罚与强制措施等方面的要求,为《办法》中的制度措施设计提供了基本框架,为《办法》中的监管执法提供了直接的法律依据。

第四条 （管理原则）

本市景观照明管理,遵循统筹规划、政府引导、社会参与、分类管理的原则。

[**解读**]　本条是关于景观照明管理原则的规定。

管理原则是指有关行政管理部门据以开展监管管理工作的重要准绳，是立法指导思想在管理实践中的重要体现，是把立法指导思想与管理实践相结合的过程中特别注重什么的重要反映。景观照明作为诸多大城市体现城市风貌、彰显城市品质的重要载体，其管理原则实际上既反映了对景观照明管理的方向性认识，也对《办法》的制度措施设计和规范要求产生约束，《办法》的有关条款规定应当围绕管理原则而不能偏离。

从上海市景观照明管理的实际特点和目标导向出发，结合参考国内相关照明立法中的管理原则，本条把管理原则具体阐述为"统筹规划、政府引导、社会参与、分类管理"。本条文字表述不长，但其蕴含的意义十分丰富，《办法》后续相当数量的规范性条款，可以说是对本条关于景观照明管理原则的进一步阐释和具体落实。

关于"统筹规划"原则。把统筹规划原则放在首位，有着历史和现实的考虑。放到全国层面来看，在进入21世纪后的头一个十年期间，各地快速推进景观照明建设的热情持续不减，但与此相对应的是，景观照明缺乏统一规划或规划滞后，已有城市照明规划的城市占全部城市（县级市以上）的不足5％，地级城市的30％左右,规划和实际建设的步调显得不协调。规划的缺失和滞后,一方面容易造成没有针对实际需求的景观照明建设发展活动,出现"摊大饼"的态势,不仅降低了资金使用效率,也无法有效突出城市特色,对今后发展方向也会造成困扰;另一方面容易凸显景观照明个体形式的多元化与一定区域的整体效果之间的矛盾,导致周边环境的协调性参差不齐、差强人意。

由此可见,一个先进而合理的城市景观照明规划,有其重要性和紧迫性,并将直接影响城市景观照明的总体水平。上海在2018年以前尚未形成系统性的景观照明规划。以2018年首届进博会的筹备为推进契机,以黄浦江两岸景观照明工程建设为现实样板,在2018年上半年,上海市绿化和市容管理局编制完成了《上海市景观照明规划》,并经市政府批复同意后于同年5月1日起实施,为"十三五"时期乃至更长时期上海景观照明发展奠定了基础,成功填补了上海30年余年来没有统一的全市性规划的空白,具有重大意义。该规划一个鲜明特点就是"统筹",即重点针对建设杂乱无章、整体效果不佳的弊病,提出相应的规划要求,比如专门划定了景观照明的核心区、重点区等区域,并且针对所划定区域的不同,体现景观照明建设强度、展示密度、区域特色等方面的不同。此次《办法》予以固化,同样突出"统筹",将对今后景观照明规划制定、修编及落实产生积极的方向指导意义。

关于"政府引导、社会参与"原则。长期以来,政府部门对于景观照明的功能定位的认识尚不清晰、深入,常常产生景观照明到底是"奢侈品"还是"必需品"的争论。即便对此有所研究成果,也更多地停留在学理分析层面,与实践需要相脱节。这方面的缺憾主要表现在:割裂了景观照明的社会效益价值与经济效益价值之间的有机联系,产生片面追求社会效益或者片面关注经济效益价值的倾向,由此产生的弊端就是,或者政府大包大揽,将景观照明建设视为政府单方的职责,或者放任市场主体自由行动,将此单纯看成市场主体的一种经济盈利手段。显然,这两种极端做法都是不可取的。此次《办法》提出"政府引导、社会参与"原则,同样是基于景观照明历史和现实情况并作出提炼完善后而形成的。

在政府引导层面,上海景观照明发展的特点之一就是抓住重大活动为契机,推进景观照明建设。"抓住机遇发展自己",这是多年来上海景观照明建设实践取得长足发展的经验所在,而这个机遇,就在每年或者历次城市管理重大活动的"热点"之中。上海最初的景观照明规模化建设,就是以 1989 年庆祝新中国成立 40 周年为契机。之后,从北京亚运圣火传递至上海,再到第一届东亚运动会,第八届全国运动会,99《财富》全球论坛,上海年会(五百强会议),APEC 会议,世博会,进博会……上海每年多次迎接国内外宾客的活动都成为加强城市管理、发展景观照明的良好契机。政府引导也可以从所投入资金的不同性质角度得出结论。据统计,上海市公共资金投资的景观照明保有量约占总量的八成;社会投资的约占总量的两成,政府引导的特点显现无疑。在社会参与层面,上海市景观照明面广量大,社会性强、专业性强,因此更需要建立社会共同参与的机制。按照景观照明区域和载体不同,社会主体积极参与景观照明事业,充分挖潜市场潜力,政府在这方面同样要发挥引导作用,促进市场力量参与景观照明的建设和运营维护,完善公开招标、政府采购等机制措施,促进良性竞争,最终形成政府引导、社会参与的持续发展机制。

关于"分类管理"原则。"分类管理"原则的提出,是对《办法》所确立的相关制度措施的整体性总结,着重体现的是城市管理工作精细化的必然要求。从《办法》后续条文的具体规定来看,无论是在规划环节的不同区域划分以及规划实施方案的编制,还是在不同区域建设景观照明所需遵照的不同要求,乃至对不同投资主体履行建设义务所提出的刚性不同的具体措施手段,甚至在实践中公共资金的投入方向和投入比重等,都遵循着分类管理原则,由此方能更好地推动上海市景观照明事业有

序规范发展,顺应城市管理的必然趋势,改善和提升城
市形象。

第五条 (管理部门)

市绿化市容部门是本市景观照明的行政主管部门,
负责全市景观照明的指导协调工作;区绿化市容部门负
责所辖区域内景观照明的具体组织推进和监督管理工作。

发展改革、财政、规划资源、住房城乡建设、商务、交
通、生态环境、文化旅游、房屋管理和城管执法等部门按
照各自职责,协同实施本办法。

[解读] 本条是关于相关行政管理部门职责分工
的规定。

理顺管理体制、明确部门职责,是景观照明管理工
作顺利推进的必要保障。本条的规定包括两层含义:第
一,景观照明整体层面的指导协调工作职责主体为市绿
化市容部门,各区辖区范围内的具体组织推进和监督管
理主体为区绿化市容部门;第二,其他有关行政管理部
门按照职责分工,互相配合,协同实施《办法》;其中,城
管执法部门的配合、协同职责集中在依法对相关违法行
为实施行政处罚。

本条共分两款。第一款是关于绿化市容部门在景
观照明管理工作中的职责界定。具体明确由市绿化市

容部门作为景观照明领域的行业主管部门,负责监指导协调工作;各区绿化市容部门按照属地化管理的原则,承担本辖区范围内的具体组织推进和监督管理工作。这里特别强调区绿化市容部门有着组织推进的职责,在其他政府规章里不算多见。作出这样的表述,是充分考虑到景观照明行业仍处于发展阶段,今后无论是规划的逐步制定完善、景观照明的有序建设,还是地域覆盖范围的合理分布、硬件设施水平的提升,乃至集中控制系统所涉面的增长,都是一个常态化推进的过程;这其中,需要充分发挥区属地优势,承担起组织推进的职责。

根据最新的《上海市人民政府办公厅关于印发上海市绿化和市容管理局主要职责内设机构和人员编制规定的通知》,市绿化市容部门与景观照明管理工作相关的职责包括:贯彻执行有关市容环境卫生的法律、法规、规章和方针、政策;研究起草有关市容环境卫生的地方性法规、规章草案和政策,并组织实施有关法规、规章和政策;组织编制全市景观灯光规划和重要区域的景观灯光设施规划;制定本市景观灯光、户外广告、店招店牌、流动户外广告的中长期规划和年度工作计划;制定有关户外广告设施、景观灯光和店招店牌的技术标准和管理规定;负责景观灯光、户外广告和店招店牌等设施的安全监管。

将上海市在景观照明管理体制与外省市作一简要

比较,在横向管理体制上,多数城市明确的景观照明行政主管部门有两种情况,一是城市管理或市政管理部门主管,如北京、天津、深圳、重庆等;二是建设管理部门主管,如广州、沈阳等。在明确主管部门的基础上,同时明确发展改革、财政、规划、交通、环保、路政、公安、电力、旅游等相关管理部门的协同管理职责,从而形成事权分明、责任清晰的横向分工体系;在纵向管理体制上,多数城市景观照明实行的是二级管理体制,一级管理机构即人民政府相关的行政主管部门,负责全市的景观照明管理工作,二级管理机构即区级人民政府相关行政主管部门,负责辖区内的景观照明管理工作。特大城市如北京则提出市、区县、乡镇街道的三级管理体制,增加了乡镇人民政府和街道办事处对本辖区内景观照明的管理职责。

从历史沿革的角度来看上海市景观照明管理体制,首先从城市照明这一大的管理体制方面而言,上海市对功能照明和景观照明采取不同的管理体制。根据《上海市人民政府办公厅关于印发〈关于建立本市道路和公共区域照明长效管理机制的意见〉的通知》(沪府办〔2015〕87号)中明确由市住房城乡建设管理委负责全市道路和公共区域照明的行政管理;根据职能分工,景观照明则由市绿化市容局负责行政管理。

景观照明管理体制方面,上海市实行市、区两级管理体制。在市级层面,由市绿化市容局主管景观照明工作。1997年7月上海市市政管理委员会设立灯光广告管理处,负责全市景观灯光的综合管理工作;2000年上海市市政管理委员会与上海市环境卫生管理局合并,成立上海市市容环境卫生管理局,灯光广告管理处更名为景观管理处;2008年7月上海市环境卫生管理局与绿化市容管理局合并为上海市绿化和市容管理局,景观管理处负责全市景观灯光管理的中长期规划编制、技术标准制定、法规建设及安全管理工作以及协调处理景观灯光管理的综合性问题。1998年上海市户外灯光广告设置服务中心(即现在上海市市容景观事务中心的前身)成立,作为市绿化市容局的直属单位,承担景观灯光的安全监管等具体事务性工作;同年建立了上海景观照明监控中心,对重要地区的景观照明,采用无线通信运动技术和计算机自动化控制管理,实行了全天候运行,科学化管理。在区层面,全市区绿化市容局(浦东新区为生态环境局)均有内设景观管理科或市容景观科,大部分区局下设市容所或景观所(直属事业单位),负责区属景观照明实施方案编制、景观照明项目建设、运行维护、集中控制等。此外景观照明有两个群众性社团组织:上海市容环卫协会城市景观照明专业委员会和上海照明学会,协调、体现和反映行业发展利益,并协助配合行政管理部门开展相关工作。

本条第二款是关于其他行政管理部门职责的规定。可以说,一家主管部门开展的每一项工作基本上都无法大包大揽,或多或少地涉及其他部门的一定职责。景观照明管理工作在这方面亦是如此。景观照明是一项系统性工程,需要各个部门形成合力予以推进。比如景观照明的绿色发展、节约能源,会涉及发展改革等部门;相关规划的制定,离不开规划资源部门;各类设置行为和禁止设置行为的规定,涉及交通、住房城乡建设、房屋管理等部门;有关政府推进措施、优惠政策的制定,又需要发展改革、财政部门的支持以及商务部门在业态管理工作中的努力;集中控制系统的信息化建设、管理上的信息化智能化提升以及部门之间的信息共享,需要经济信息化等部门的参与。其中,上述的一些行政管理部门在《办法》后续的具体条款中还将出现,并同步明确其具体职责。

此外需要说明的是,随着上海市城管综合执法体制改革的推进,原先在上海市绿化和市容管理局加挂"上海市城市管理行政执法局"牌子,承担的绿化市容行政执法职能,现已划入重新组建的上海市城市管理行政执法局,这项要求也体现在《上海市人民政府办公厅关于印发上海市绿化和市容管理局主要职责内设机构和人员编制规定的通知》中;同时《环保条例》《市容条例》都明确涉及景观照明的相关行政处罚由城市管理综合执法部门行使。所以从立法技术上而言,《办法》不再单独对城市管理综合执法部门实施行政处罚的职责予以专门表述,直接作为其他行政管理部门之一进行一并规定。

第六条 (节约能源要求)

景观照明应当符合国家和本市有关节约能源的规定,合理选择照明方式,采用高效节能的灯具和先进的灯控方式;有条件的,应当采用太阳能等可再生能源。禁止使用国家明令淘汰的、不符合能耗标准的景观照明产品和设备。

鼓励高等院校、科研机构等单位开展相关科学研究和技术开发,推广节能、环保的景观照明新技术、新材料、新工艺、新设备、新产品。

[解读] 本条是关于景观照明需要满足节约能源要求的规定。

本条共分两款。第一款是关于上海市景观照明设施应满足国家和上海市有关节约能源的规定。景观照明在能源方面的节约分两个方面,第一个方面是景观照明的设置模式方面的节能,上海市景观照明的设置应符合《照明规划》的设置要求,根据"一城多'新',五带多点"的景观照明总体布局,根据载体地块性质及《照明规划》确定的核心区域、重要区域、禁设区域和其他区域分区,按景观照明控制指标表分级确定亮度、色温、多彩光、动态光四项控制指标。统筹景观照明设计与室内内透光照明设计。禁止新建多栋建筑联动的媒体立面,核心区域内严控媒体立面数量,重要区域内限制媒体立面数量。新增媒体立面面积不宜大于单侧建筑立面连续40%面积,建设实施时需按有关规定履行项目审批流程。再者,原国家建设部发文的《关于进一步加强城市照明节电工作的通知》(建城函〔2005〕234号)要求:"各城市应实施城市照明集中管理、集中控制和分时控制模式,努力降低能耗。"分时控制指的是设置多种亮灯模式,《照明规划》中指出:核心区域、重要区域及重要单体建(构)筑物的景观照明应具有常态、节假日、重大活动模式,启闭时间由市绿化市容管理部门公布。对核心区域、重要区域及重要单体建(构)筑物的灯光分别实行节能分时控制,部分景观照明仅在周末、节假日以及重大活动期间开启,其他时间关闭。各区景观照明管理部门应根据《关于本市景观照明日常开放有关事项的通知》调整开灯模式。第二个方面是景观照明灯具选择上的节能,景观照明应选择高效节能的和先进灯控方式的灯具,鼓励有条件的采用太阳能等再生能源,体现了城市照明发展的低碳发展方向。《照明规划》要求景观照明规划、设计、建设、运行维护、回收等各阶段应当体现高效节能、环保、安全、舒适原则,注重以人为本,充分运用健康照明的最新研究成果。《关于进一步加强城市照明节电工作的通知》要求:"在城市照明建设与改造中,要保证以道路照明为主的功能照明,严格限制装饰性的景观照明。"《"十三五"城市绿色照明规划纲要》要求,"认真贯彻'创新、协调、协调、绿色、开放、共享'的发展理念,遵循'安全、舒适、节能、环保、经济'的绿色照明原则,以节能减排为核心",以建设智慧城市为契机,有序推进绿色照明产品和技术的应用,坚持科技创新,积极推进 LED 等绿色照明产品在城市照明中的应用,到2020 年底,新、改(扩)建城市景观照明中 LED 产品应用率不低于 90%;《中华人民共和国节约能源法》第十七条规定,禁止生产、进口、销售国家明令淘汰或者不符合强制性能源效率标准的用能产品、设备;禁止使用国家明令淘汰的用能设备、生产工艺。第三十九条规定,县级以上地方各级人民政府有关部门应当加强城市节约用电管理,严格控制公用设施和大型建筑物装饰性景观照明的能耗;第六十一条规定,国家对生产、使用列入本法第五十八条规定的推广目录的需要支持的节能技术、节能产品,实行税收优惠等扶持政策。国家通过财政补贴支持节能照明器具等节能产品的推广和使用。

第二款是关于景观照明行业鼓励创新、支持高等院校、科研机构、企业等开展技术研究及推广的规定。上海市景观照明主管部门以及市科技和信息化行政主管部门,支持和鼓励高等院校、科研机构等单位开展景观照明科学技术研究,推广使用节能、环保的照明新技术、新材料、新工艺、新设备、新产品,开展绿色照明示范试点活动,提高景观照明的科学技术水平,并通过开展各种形式的推广活动,宣传扩大照明节能效应。景观照明高效节能的灯具和绿色环保的能源利用依赖于照明新技术、新材料、新工艺,而新技术、新材料、新工艺的诞生既要依靠高等院校和科研机构,也需要各级管理部门的大力支持和配合。主要做法有:(1)各级景观照明管理部门应加强沟通了解,通过走访、发放需求表等方式,征集管理过程中科技企业技术难题和需求,并及时与高校院所对接;通过加强与高校、科研院所的联系,收集最新科技成果,形成汇编,通过电子档或编印成册,发放给企业,促进产学研用合作。(2)可充分利用上海市照明协会、上海市市容环境卫生行业协会城市景观灯光专业委员会等平台,为企业和高校搭建平台,加强行业内容技术联系、互通信息,扶持优秀新产品、新工艺、新技术企业和产品;通过开展各类灯光照明学术交流会议、展会、论坛提供交流的平台;建立景观照明灯具产品标准库,为管理部门、企业景观照明节能灯具选择提供参考。

第七条 （景观照明规划）

市绿化市容部门应当会同市规划资源、住房城乡建设、交通、商务等部门，根据本市经济社会发展水平，结合城市风貌、格局和区域功能，组织编制本市景观照明规划，并报市人民政府批准。

景观照明规划应当划定景观照明设置的核心区域、重要区域、重要单体建(构)筑物以及禁设区域。

［解读］ 本条是关于编制景观照明规划的规定。

本条共分两款。第一款是关于编制景观照明规划的部门和流程的规定；第二款是关于景观照明区域、单体分级规划的规定。

2023年，市绿化市容局会同市规划资源局起草《上海市景观照明规划(2024—2035年)》(审议稿)，经市政府常务会议审议通过，市政府批复(沪府〔2023〕70号)《照明规划》。

《照明规划》全文共九章28节，是国内首部体现多规合一管控、多元产业融合发展思路的景观照明规划，明确了"彰显特色、整体协调；服务发展、传承更新；以人为本、共建共享；安全有序、守牢底线；绿色低碳、引领未来"原则；对标国际最高标准、最好水平，进一步提质增效、优化布局、创新发展，打造世界级旅游精品，向世界展示"典雅精致、温馨舒适、繁华时尚、流光溢彩"的城市夜景形象，建成世界领先的全球卓越城市景观照明典范，让景观照明成为串联起商业、旅游、文化、体育、会展等产业的纽带。

《照明规划》确定上海市景观照明总体布局为"一城多'新'，五带多点"。"一城"指上海市主城区，"多'新'"指"五个新城"及崇明城桥、金山城区构成的辐射长三角的外围城市群；"五带"指黄浦江沿岸、苏州河沿岸、延安高架—世纪大道沿线、内环高架沿线、南北高架沿线，"多点"指全市范围内的公共活动中心、主城副中心、新城中心、重要商圈、商业街区以及公共文化设施、主要旅游景区、重要交通枢纽、产业园区节点等。至2027年，上海景观照明总体布局基本形成；至2035年，上海景观照明总体布局全面完成。《照明规划》围绕"充满活力的创新之光、富有魅力的人文之光、绿色低碳的生态之光"三个分目标明确了工作任务，强化了保障措施。

《照明规划》亮点特色为：一是促进多产业融合发展。推进景观照明与商旅文体会产业深度融合，"＋景观照明"与"景观照明＋"相结合，积极对接商业、旅游、文化、体育、会展等产业的规划、纲要以及行动方案。以一江一河滨水公共空间以及公共文化设施、市级公共体育场馆、会展中心、旅游景区等为载体,建设提升景观照明,培育多元共生的景观照明发展格局,提高社会效益、经济效益和生态效益。二是落实低碳发展要求。《照明规划》是国内首部对景观照明碳计量和碳减排提出明确任务的专项规划,不仅提出通过节约用电和控制模式细化等实现节能,更进一步提出建立景观照明全生命周期的碳排放约束机制,研究制定景观照明碳排放统计制度。三是强化精细化管控。依据区域功能、商业文旅价值、市民休闲需求以及景观照明建设强度等因素,构建核心区域、重要区域、禁设区域和其他区域四大规划分区,合理划定核心区域、重要区域的四至范围。明确核心区域、重要区域及重要单体建(构)筑物的景观照明应具有常态、节假日、重大活动场景模式。根据用地性质、规划分区、重要性分级,围绕亮度、色温、多彩光、动态光,建立国土空间规划体系下的景观照明控制指标体系,实施分区分级分类控制。

第八条 (规划实施方案)

市绿化市容部门应当会同市规划资源、住房城乡建设、交通、商务等部门,组织编制景观照明核心区域以及重要单体建(构)筑物的规划实施方案,报市人民政府批准后实施。

区绿化市容部门应当会同区规划资源、住房城乡建设、交通、商务等部门,组织编制本辖区范围内景观照明重要区域以及重要单体建(构)筑物的规划实施方案,经区人民政府批准后,报市绿化市容部门备案。

规划实施方案应当确定景观照明设置的具体建(构)筑物以及公共场所,并明确相应的照明形式、色彩和效果等要求。

[解读] 本条是关于编制规划实施方案的规定。

规划是指导景观照明发展的纲领性文件,实施方案是以规划为依据对规划的具体细化。景观照明规划实施方案是在景观照明规划的基础上制定而成的。市绿化市容局对各区根据景观照明规划编制实施方案提出了要求。

本条共分三款。本条的前两款,是关于市区两级分工作的规定。第一款是市绿化市容管理局对于实施方案编制的具体范围,包括核心区域,即外滩、北外滩、小陆家嘴地区,以及重要单体建构筑物实施方案的编制,由于核心区域属于上海的景观照明最重要最核心的区域,因此编制实施方案的职权应为市局编制。重要单体建(构)筑物是游离于核心区域重要区域等区域之外的单体,数量不多,且无法固化,由于其特殊性和重要性,而不具有普遍性,因此这一部分实施方案的编制也属于市局编制。第二款是区绿化市容部门的编制范围,即限于本辖区范围内景观照明重要区域以及重要单体建(构)筑物的规划实施方案的编制,经区人民政府批准后,报市绿化市容部门备案。需要说明的是,这里出现了两次"重要单体建构筑物",第一次是在市一级的编制范围内,第二次是在区一级的编制范围内,对于具体建(构)筑物具体属于哪个层级,则要具体情况具体分析,按其重要性由市区两级统筹协调决定。

第三款是关于规划实施方案应当包含的主要内容的规定,编制规划实施方案应遵循的四个基本原则:一是因地制宜原则。应与区域功能定位、社会经济发展程度、城市风貌相适应。二是以人为本原则。应以满足人民群众日益增长的美好生活需求为目标,丰富人民群众休闲、娱乐文化生活,为市民营造安全舒适的夜间生活环境,避免光污染。三是整体性原则。应在遵循景观照明规划既定原则的基础上,结合各自实际编制;在兼顾区域特色的同时,注重整体性。四是可操作性原则。应兼顾当前的实际情况和未来发展需要,对各主要区域的亮度、照度、色温、彩光、动态光、集控和主要照明方式等要素都要提出明确的控制要求,具有可操作性。

第九条 (技术规范)

市绿化市容部门应当会同相关部门根据国家和本

市有关城市容貌、规划、环保等方面的规范和标准,组织编制景观照明的技术规范(以下简称"技术规范")。

技术规范应当明确景观照明禁止设置情形、电气安全、亮度限值、照度限值、内透光照明等内容。

[解读] 本条是关于编制技术规范的规定。

技术规范是景观照明管理的重要依据之一,编制景观照明技术规范可以有效提升管理部门的科学化管理水平。

技术规范是规定产品、过程或者服务应满足的技术要求的文件。从这个定义可以看出,技术规范也是一种文件,是规定技术要求的文件。它和标准的区别在于,这种文件没有经过制定标准的程序。它和标准又是有联系的。首先,标准中的一些技术要求可以引用技术规范,这样的技术规范或者技术规范中的某些内容就成为标准的一部分。其次,如果技术规范本身经过了标准制定程序,由一个公认机构批准,则这个技术规范就可以成为标准。

本条共分两款。第一款是关于编制技术规范的部门和编制依据的规定。上海市绿化和市容管理局是景观照明技术规范的组织编制单位。

(1) 有关城市容貌方面的规范和标准。《城市市容和环境卫生管理条例》第九条规定,城市中的建筑物和设施,应当符合国家规定的城市容貌标准。第十二条规定,城市中的市政公用设施,应当与周围环境相协调,并维护和保持设施完好、整洁。《上海市城市容貌标准规定》第3.3规定,主要道路和景观区域的景观照明应体现建筑本身特色,与周围环境协调,并保持设施的整洁、美观和完好。因此,有关容貌规范和标准主要是指景观照明设施的日常维护保养要求,应达到整洁、完好,亮灯完整无残缺。

(2)有关规划方面的规范和标准。主要依据《上海市景观照明总体规划》规定的景观照明分区、亮度分级控制规划、色温控制规划、彩光照明控制规划、动态照明控制规划等内容。

(3)有关环保方面的规范和标准。主要涉及节能、光污染等方面的规范和标准。

(4)有关照明设计、电气防雷、灯具、信息安全等相关标准和规范:

GB/T 2900.71　电工术语　电气装置

GB 7000(所有部分)　灯具

GB/T 17045　电击防护　装置和设备的通用部分

GB 19510(所有部分)　灯的控制装置

GB/T 22239　信息安全技术　网络安全等级保护基本要求

GB/T 38439　室外照明干扰光测量规范

GB/T 39237—2020　LED夜景照明应用技术要求

　　GB/Z 39942—2021　　应用 GB/T 20145 评价光源和灯具的蓝光危害

　　GB/T 40250　　城市景观照明设施防雷技术规范

　　GB 50034—2013　　建筑照明设计标准

　　GB 50303　　建筑电气工程施工质量验收规范

　　GB 51348—2019　　民用建筑电气设计标准

　　JGJ/T 163—2008　　城市夜景照明设计规范

　　第二款是关于技术规范主要内容的规定。

　　(1) 规定了禁止情形。主要内容:禁止设置直接射向住宅居室窗户的投光、激光等景观照明。在外滩、北外滩和小陆家嘴地区因营造光影效果确需投射的,市绿化市容行政管理部门应当合理控制光照投射时长、启闭时间,并向社会公布。不应使用易与交通、航运等标识信号灯造成视觉上混淆的景观照明设施;不应设置容易对机动车、非机动车驾驶员和行人产生眩光干扰的景观照明设施;不应使用严重影响植物生长的景观照明设施;不应设置影响园林、古建筑等自然和历史文化遗产保护的景观照明设施;不应在国家公园、自然保护区、天文台所在区域设置景观照明设施;不应在市、区人民政府确定的禁设区域或载体上设置景观照明设施;不应在其他不适合设置景观照明设施的场所或部位设置景观照明设施。

　　(2) 规定了电气安全要求。主要内容:电气设备应有防止内部积水及水汽的设计,并应按照特定情形匹配相应的外壳防护等级;室外安装的灯具防护等级不应低于 IP54,易被水淹的不应低于 IP67;埋地灯具防护等级应同时符合 IP65 和 IP67 要求;安装在游泳池和喷泉的灯具防护等级应满足 GB/T 16895.19—2017 表 702.1 的规定;室外照明配电箱、控制箱等的防护等级不应低于 IP55;电气设备使用的接插件应满足 IP65 或 IP66 的要求。

(3)规定了亮度分区和具体限值。主要内容包括:景观照明亮度分区应根据环境亮度类型和景观照明规划及规划实施方案确定的区域进行划分,见表 1。

表 1 景观照明亮度分区

环境亮度类型	天然暗环境区域	暗环境区域	低亮度环境区域	中等亮度环境区域	高亮度环境区域
区域代号	E0	E1	E2	E3	E4
规划确定区域	禁设区域	禁设区域	一般区域	发展区域	核心区域、重要区域

注 1:E0 区为天然暗环境区,国家公园、自然保护区和天文台所在区域等;

注 2:E1 区为暗环境区,无人居住的乡村地区等;

注 3:E2 区为低亮度环境区,低密度乡村居住区等;

注 4:E3 区为中等亮度环境区,城乡居住区等;

注 5:E4 区为高亮度环境区,城镇中心和商业区等。

根据景观照明亮度分区不同,建筑立面平均亮度不应超过最大允许值,见表 2。

表 2　建筑立面的平均亮度最大允许值

单位:坎德拉每平方米

照明技术参数	应用条件	环境区域			
		E0 区、E1 区	E2 区	E3 区	E4 区
建筑立面亮度 1 Lb	被照面平均亮度	0	5	10	25

采用媒体立面方式的,其墙面的亮度限值不应超过规定限值,见表 3。

表 3　媒体立面墙面亮度限值

单位:坎德拉每平方米

表面亮度（白光）	环境区域			
	E0 区、E1 区	E2	E3	E4
表面平均亮度	—	8	15	25
表面最大亮度	—	200	500	1 000

住宅居室窗户外表面上产生的垂直面照度不应超过最大允许值,见表 4。

表 4　住宅居室窗户外表面的垂直照度最大允许值

单位:勒克斯

照明技术参数	应用条件	环境区域			
		E0 区、E1 区	E2 区	E3 区	E4 区
垂直面照度 EV	非熄灯时段	2	5	10	25
	熄灯时段	0*	1	2	5
注:* 当有公共(道路)照明时,此值提高到 1 lx。					

照明灯具朝居室方向的发光强度不应超过最大允许值。当采用闪动的景观照明时,相应灯具朝居室方向的发光强度最大允许值不应大于限值的二分之一,见表5。

表5 照明灯具朝居室方向的发光强度最大允许值

单位:坎德拉

照明技术参数	应用条件	环境区域			
		E0区、E1区	E2区	E3区	E4区
灯具发光强度 I	非熄灯时段	2 500	7 500	10 000	25 000
	熄灯时段	0 *	500	1 000	2 500
注1:本表不适用于瞬时或短时间看到的灯具; 注2:当有公共(道路)照明时,此值提高到500 cd。					

(4)规定了集中控制系统的性能要求、施工和验收要求、运行维护要求。

同时,技术规范强调了干扰光(由于光的数量、方向或光谱特性,在特定场合中引起人的不舒适、分散注意力或视觉能力下降的溢散光)的限制,规定了景观照明设施应控制溢散光,以免形成干扰光。具体包括:

a) 应合理选定照明标准值(照度/亮度),并对可能受到景观照明光干扰影响的对象进行分析和评估;

b) 应检查被照区域之外的光通量,评估其对环境的影响,选择技术合理、节能并对人和周围环境、建筑产生光干扰最小的方案;

c) 应根据各分区的具体情况,制定合理的景观照明启闭时段,合理筛选在关闭时段内仍需运行的兼具功能照明的景观照明灯具类型、数量,限制其光照强度,在节能减排和保护生态环境的同时,保障市民的夜间生活和出行安全;

d) 在住宅建筑周边设置各类景观照明时,应将居室窗户外表面产生的垂直照度、照明灯具朝居室方向的发光强度控制在规定水平内;

e) 在城市机动车道路两侧设置景观照明时,应注意避免对行人和驾驶员造成视觉干扰,进行防眩光的分析和评价;

f) 在城市通航的河道两侧设置景观照明时,不应弱化通航标识的可视度,避免直射光以及水面反射光对航行船只的行驶安全造成影响。

第十条 (公示和征求意见)

景观照明规划、规划实施方案和技术规范编制过程中,组织编制机关应当征求专业单位和专家的意见。

景观照明规划、规划实施方案报送批准前,组织编制机关应当将景观照明规划和规划实施方案的草案予以公示,征求相关单位和公众意见。

组织编制机关应当将经批准的景观照明规划、规划实施方案和技术规范,向社会公布。

[**解读**] 本条是关于规划、实施方案和技术规范公示和征求意见要求的规定。

景观照明是现代城市发展和服务能级的一个重要标志,从过去靓化城市的奢侈品,转变成为体现城市综合实力的基础设施之一,是展现城市形象不可或缺的必需品,其建设与管理成为城市管理的重要组成部分。景观照明对城市综合实力提升、推动都市文化建设、丰富人民生活、促进经济发展有着极大推进作用,景观照明是上海不可或缺的重要组成部分,是上海对外的一张名片。考虑到景观照明规划、规划实施方案和技术规范对上海景观照明的影响力之大,所以必须进行公示和征求意见。公示和征求意见主要体现在编制过程中、报送批准前和批准后三个过程。

本条共分三款。第一款是关于景观照明规划、规划实施方案和技术规范编制过程中的程序规定。在编制过程中,应当采取论证会、座谈会等形式,征求专业单位和专家的意见。上海市景观照明规划由上海复旦规划建筑设计研究院有限公司承担编制任务。在编制过程中,组织多次区、县景观照明管理部门负责同志、技术人员座谈会,组织召开由上海市景观照明规划、设计领域有关人士参加的专家咨询会,组织召开由北京、天津、重庆、深圳等地照明规划专家参加的咨询会,听取全国各地景观照明规划领域专家的意见、建议。委托上海照明学会组织本市有关规划、照明、设计专家进行专家咨询会听取意见、建议,并组织部分专家对相关技术参数、控制指标反复论证,最终形成《照明规划》。

第二款是关于景观照明规划、规划实施方案报送批准前的程序规定。在报送批准前,组织编制机关应当将景观照明规划和规划实施方案的草案予以公示,并采取听证会或者其他方式,征求相关单位和公众意见。公示时间不得少于 30 日,公示的时间以及意见征集方式应当在上海市有关政府网站或者新闻媒体上予以公告。这里有两层意思,第一层是在报送批准前,应将景观照明规划和规划实施方案的草案予以公示和征求意见,这里只涉及规划和实施方案,不含技术规范。第二层意思是公示的时间定为 30 日,《市容条例》并未对公示时间作明确具体规定,《办法》定为 30 日是参照《中华人民共和国城乡规划法》第二十六条,城乡规划报送审批前,组织编制机关应当依法将城乡规划草案予以公告,并采取论证会、听证会或者其他方式征求专家和公众的意见,公告的时间不得少于 30 日。组织编制机关应当充分考虑专家和公众的意见,并在报送审批的材料中附具意见采纳情况及理由。多年的实践效果表明,这种公示和征求意见的时间和方式科学合理,也容易被社会接受。

第三款是关于景观照明规划、规划实施方案、技术规范的公示规定。值得注意的是,景观照明规划、规划实施方案和技术规范在不同阶段,公示的内容不同,公示的对象不同,是否有时间要求也不同。规划和实施方案在报送批准前以及批准后都要经过公示,而技术规范由于在批准前无需报送,所以仅在批准后公示即可。

第十一条 (设置要求)

核心区域、重要区域内的建(构)筑物、公共场所,以及重要单体建(构)筑物的产权人、使用权人或者经营管理单位(以下统称"设置者"),应当按照规划实施方案和技术规范设置景观照明。

禁设区域内,禁止设置景观照明。

其他区域内设置景观照明的,应当符合技术规范的要求。

核心区域、重要区域、重要单体建(构)筑物以及其他区域设置景观照明的,应当同时符合文物保护单位、历史风貌区和优秀历史建筑的保护管理要求。

[解读] 本条是关于景观照明设置要求的规定。

本条共分四款。第一款是关于核心区域、重要区域内的建(构)筑物、公共场所,以及重要单体建(构)筑物设置者设置要求的规定。按照《照明规划》,全市范围景观照明分为核心区域、重要区域、禁设区域和其他区域，从生态节能、光污染控制等方面提出了禁止性、控制性和限制性要求，并根据景观照明载体的性质、特点、材质的差异，对照明方式、亮度、照度、色温、彩光和动态光等要素提出了详尽的控制导则。《上海市景观照明总体规划实施方案》对景观照明规划作了具体细化，落实到具体的点位。《上海市景观照明技术规范》从技术层面规定了环境(背景)亮度分区、被照物表面平均亮度标准值与最大亮度限值、媒体立面照明亮度最大限值、照明灯具上射光通比最大限值、白光灯具的色品参数、彩色光灯具的主波长等具体规定。对于景观照明设置，在核心区域、重要区域、其他区域和禁设区域的分类设置要求也不同。对于核心区域、重要区域以及重要单体建(构)筑物，应当按照规划实施方案和技术规范设置景观照明；对于其他区域设置景观照明，因无规划实施方案，所以仅需要符合技术规范；对于禁设区域，明确禁止设置。如表6所示：

表6

	规划	实施方案	技术规范
核心区域	√	√	√
重要区域	√	√	√
重要单体	√	√	√
其他区域	—	—	√
禁设区域	—	—	—

景观照明核心区域是指外滩、北外滩和小陆家嘴地区,自 2017 年起投入规划建设,为了做好核心区域的景观照明,市绿化市容局组织黄浦江两岸景观照明设计方案全球公开招标,最终 5 家机构入围。在国际征集成果的基础上,博采众长,优化整合,形成了《黄浦江两岸景观照明总体方案》,并于 2018 年经市政府正式批复同意实施。根据《黄浦江两岸景观照明总体方案》,核心区域建设应遵循五个基本原则:一是整体协调,按照打造世界一流城市滨水夜景定位要求,打破行政分区,凸显浦江夜景整体形象,在服从整体协调的前提下体现各区域和载体的特色。二是传承经典,浦江景观照明应符合上海和浦江历史底蕴,传承和发扬三十多年来浦江夜景的传统和品牌,坚持和发扬上海特色。三是特色创新,坚持传承古今、融汇中西的海派文化特色,通过技术创新、设计创意,打造与卓越的全球城市相匹配的世界一流的滨水区域夜景。四是以人为本,通过合理布局、统筹设计、有效管理,为市民和全球游客营造安全、舒适、有魅力的光环境,丰富市民群众夜间文娱生活,促进夜景经济发展。五是节能环保,实践绿色发展的理念,通过控制总量、优化存量、适度发展的原则,采用适宜的照度、色温,推广应用高效节能的光源灯具和智能控制系统,避免光污通过两岸统一的照明控制系统,实现不同时刻、不同场景的亮度、色彩和变化速率的调整,既确保效果又灵活节能。《黄浦江两岸景观照明总体方案》的主题为璀璨浦江、魅力上海。从吴淞口至徐浦大桥的黄浦江两岸,根据历史文化风貌,在保持整体风格统一的基础上,分为四个区段。一是海上门户(浦西吴淞口至复兴岛南端,浦东吴淞口至杨浦大桥段);二是工业印象(浦西复兴岛南端至杨浦虹口界,浦东杨浦大桥至浦东南路段);三是经典传奇(浦西杨浦虹口界至南浦大桥,浦东浦东南路至南浦大桥);四是惬意风华(南浦大桥至徐浦大桥)。同时《黄浦江两岸景观照明总体方案》还对每个分区和重要节点作了细化。与此同时,市绿化市容局制定并下发了《关于加强黄浦江两岸景观照明质量和效果管理的通知》等文件,对灯具技术、智能控制终端技术及效果控制等作出明确要求。

参照核心区域的做法,重要区域内的建(构)筑物、公共场所,以及重要单体建(构)筑物的产权人、使用权人或者经营管理单位(以下统称"设置者")应当按照规划实施方案和技术规范设置景观照明。特别说明的是本条所称的"设置者"不是指具体设置景观照明的单位或者个人,而是包括了产权人、使用权人以及经营管理单位,是这三类名称的统称。

第二款是关于禁设区域设置要求的规定。《照明规划》对禁设区域作了规定:"自然(生态)保护区,农业用地,战略预留区及其他法律、法规禁止设置景观照明的区域。"且在禁止性条款中也有具体要求:禁设区域不得建设景观照明,保护城市暗天空等。

第三款是关于其他区域内景观照明设置要求的规定。除核心区域、重要区域、禁设区域外,涉及的其他区域只要符合技术规范的要求即可。

第四款是关于景观照明设置应当符合文物保护单位、历史风貌区和优秀历史建筑保护管理要求的相关规定。涉及文物保护单位、历史风貌区和优秀历史建筑保护管理要求的法规分别是 2014 年出台的《上海市文物保护条例》和 2020 年出台的《上海市历史风貌区和优秀历史建筑保护条例》。《上海市文物保护条例》第十八条第二款规定:"在文物保护单位的建设控制地带内进行建设工程,不得破坏文物保护单位的历史风貌。建设工程的形式、高度、体量、色调等应当与文物保护单位及其周边环境相协调。建设工程设计方案应当根据文物保护单位的级别,按照国家有关规定报批。"《上海市历史风貌区和优秀历史建筑保护条例》第十七条规定:"在历史文化风貌区核心保护范围内进行建设活动,应当符合历史风貌区保护规划和下列规定:(一)不得擅自改变街区空间格局和建筑原有的立面、色彩;(二)不得擅自进行新建、扩建活动。确需建造基础设施、公共服务设施、建筑附属设施或者进行历史风貌区保护规划确定的其他建设活动的,应当经专家委员会专家论证。对现有建筑进行改建或者修缮改造时,应当保持或者恢复其历史文化风貌。"第十八条规定:"在历史文化风貌区建设控制范围和风貌保护街坊内进行建设活动,应当符合历史风貌区保护规划和下列规定:(一)新建、扩建、改建建筑时,应当在高度、体量、色彩等方面与历史文化风貌相协调;(二)新建、扩建、改建道路时,不得破坏历史文化风貌。"

第十二条 (土地供应要求)

按照规划实施方案,核心区域、重要区域内应当设置景观照明的,景观照明设置要求纳入建设用地规划条件或者建设用地使用权出让合同。

[解读] 本条是关于土地供应具体要求的规定。

为保障景观照明整体协调,应健全建设机制,使景观照明建设管理在建设项目建设之初便介入。在其他城市已颁布的景观照明管理办法中,也对土地供应提出要求。例如,广州市提出:"在景观照明的供地环节中,明确将设置要求纳入用地规划条件或者土地出让合同,从源头上把控景观照明的设置。"武汉市提出:"新建、改建、扩建建筑物设置景观灯光设施,建设单位应当根据景观灯光设施规划的要求,将景观灯光设施的设计方案纳入其主体工程的规划设计方案并报送规划行政主管部门审查;在施工前将景观灯光设施的施工图纳入其主体工程施工图并报送建设行政主管部门审查。规划、建设行政主管部门在审查时,应当征求城市管理行政部门的意见。"

上海市在实际操作过程中,也有部分区县运用此类操作方法,取得了一定的成效。奉贤区作为南桥新城开发建设的成员单位之一率先进行了探索,奉贤区绿化和市容局编制《南桥新城环境卫生设施规划》(2010—2020年)、《奉贤区南桥新城景观照明设施建设和管理办法》,研究南桥新城国际化核心城市战略方向、提出南桥新城建设协调会有关市容环卫事项提示等,始终为新城的建设发展提供行业支撑。自2012年起,经各部门协商,建立"国有建设用地使用权招拍挂出让意见征询机制",在区规土部门出让土地时就征询各单位建设意见。奉贤将绿化、市容环卫建设要求,尤其是景观照明的建设任务纳入其中,并要求通过奉贤绿化和市容管理局的专家评审、现场验收,确保景观照明工程项目的建设质量,并与相关主体建设"同步论证、同步规划、同步设计、同步施工、同步验收、同步竣工",推动开发商配建居住、商务、商业楼宇的景观照明工程的主动性,避免建设完成后部分开发商不愿再建设景观照明项目的情况,保证了南桥新城地区乃至整个奉贤区景观照明的统一与完整。由此可见,在景观照明的供地环节中,明确将设置要求纳入用地规划条件或者建设用地使用权出让合同,是从源头上把控景观照明的设置。

第十三条 （新改扩建要求）

按照规划实施方案,核心区域、重要区域内应当设置景观照明的建(构)筑物、公共场所,以及重要单体建(构)筑物进行新建、改建、扩建的,建设单位应当按照景观照明设置要求,同步设计景观照明。

其他区域内设置景观照明的,市或者区规划资源部门在审核建设工程设计方案时,应当就景观照明是否符合规定,征求市或者区绿化市容部门的意见。

［解读］ 本条是关于建(构)筑物、公共场所在新建、改建、扩建时设置景观照明的规定。

这是景观照明管理的第二个环节,主要体现同步设计的理念。为了确保核心区域、重要区域景观照明整体协调,绿化市容通过与规土等部门的携手配合,在项目主体报审阶段就同步介入,使原本作为附属项目的景观照明建设工程也能与主体工程同步设计、同步建设、同步投入使用,也可搭建平台邀请专家开展评审确保照明效果,帮助设置方规范、有序、美观地设置景观照明。在以往的景观照明建设中,景观照明建设与建筑物的建设各自独立,往往会出现景观照明和建筑物本体整体不协调统一的情况,因此应立足源头效果把控。这是制定本条的目的,也是此次《办法》的一个亮点所在。

本条共分两款,第一款是关于同步设计景观照明的范围的规定。明确设置范围在核心区域和重要区域内应当设置景观照明的建(构)筑物、公共场所,以及重要单体建(构)筑物,其他区域不在此范围之内。其次固定了建筑物的要求,即对新建、改建、扩建的,建设单位应当按照景观照明设置要求,同步设计景观照明,由于已建成不涉及需要重新设计施工,因此不在此范围内。这里的"设置要求"对应《办法》第十一条"核心区域、重要区域内的建(构)筑物、公共场所,以及重要单体建(构)筑物的产权人、使用权人或者经营管理单位(以下统称'设置者'),应当按照规划实施方案和技术规范设置景观照明。禁设区域内,禁止设置景观照明。其他区域内设置景观照明的,应当符合技术规范的要求。核心区域、重要区域、重要单体建(构)筑物以及其他区域设置景观照明的,应当同时符合文物保护单位、历史风貌区和优秀历史建筑的保护管理要求"。

"同步设计"这个制度,主要有以下几个特点:一是避免因二次施工造成的资源浪费和外立面损耗;二是避免因设计滞后导致的灯具设置困难;三是避免因各行其道造成的区域整体景观照明效果凌乱;四是有助于管理部门集中控制和科学管理的需要;五是能够客观有效地帮助设置方完善照明方案。但同时也存在一些不足:一是社会总体认知程度还不够。一些中小型建构筑物景观照明设置认为本制度仅仅是对设置方的一种约束,故而往往不予配合。二是部分业主对指导意见的接受度有限。部分业主一味追求展现自身建筑个性或商业价值,对出于整体协调性考虑的指导意见接受度有限,实际操作过程中有打折扣的现象。三是前期设计制作方与后期管理方之间衔接不到位造成对景观灯光日常维护力度不足,造成后续日常维护、启闭等工作出现偏差,加大了协调成本。这需要通过一段时间的实践去规避这些不足之处。

本条第二款是关于除核心区域、重要区域之外区域设置景观照明的规定。这些区域虽然没有要求同步设计景观照明,但是市或者区规划资源部门在审核建设工程设计方案时,应当就景观照明是否符合规定,征求市或者区绿化市容部门的意见。

第十四条 (既有设施增设要求)

按照规划实施方案,核心区域、重要区域内既有建

(构)筑物、公共场所,以及重要单体建(构)筑物应当设置景观照明的,设置者予以配合。

区绿化市容部门应当与设置者协商形成景观照明增设方案;区人民政府予以适当支持。

[解读] 本条是关于既有设施增设要求的规定。

本条共分两款。第一款是关于对设置者提出要求的规定。对于新建、改建、扩建的建(构)筑物,建设单位应当按照景观照明设置要求,同步设计景观照明,除此之外,更多的是既有建(构)筑物、公共场所景观照明的设置。实施方案的制定遵循四个基本原则:一是因地制宜原则。应与区域功能定位、社会经济发展程度、城市风貌相适应。二是以人为本原则。应以满足人民群众日益增长的美好生活需求为目标,丰富人民群众休闲、娱乐文化生活,为市民营造安全舒适的夜间生活环境,避免光污染。三是整体性原则。应在遵循《照明规划》既定原则的基础上,结合各自实际编制;在兼顾区域特色的同时,注重整体性。四是可操作性原则。应兼顾当前的实际情况和未来发展需要,对各主要区域的亮度、照度、色温、彩光、动态光、集控和主要照明方式等要素都要提出明确的控制要求,具有可操作性。实施方案所确定的核心区域、重要区域内应当建设景观照明是经过综合考量的,是有利于提升整体景观效果的,史是具有可操作性的。因此,设置人应该配合设置景观照明。对于既有建(构)筑物和公共场所增设景观照明应建而不建的问题,《市容条例》中没有明确规定约束条款,因此《办法》规定设置者应当予以配合。

第二款是关于既有建筑物增设方案的规定。对于既有建筑物,需要由区绿化市容部门与设置者在经过景观照明实施方案的基础上,协商形成增设方案。例如,在黄浦江两岸景观照明建设过程中,在已有的《黄浦江两岸景观照明总体方案》的基础上,浦东新区、黄浦区、徐汇区、虹口区、杨浦区和宝山区分别制定辖区内《黄浦江两岸景观照明深化设计方案》,市绿化市容局负责对各项目深化设计指导与审查把关并负责浦江两岸景观照明集中控制系统方案深化设计和组织实施。同时,区人民政府予以适当支持。这里的"支持"主要指区人民政府应当制定文件对设置者在景观照明建设、维护等方面予以支持。按照市、区事权财权对等的原则,市属设施及集中控制、特效系统和控制中心、品牌展示平台建设由市级财政落实资金保障,而其他景观照明新建、改建、提升则由区负责落实资金保障。

第十五条 (集中控制)

市和区绿化市容部门应当分别建立市级、区级景观照明集中控制系统。核心区域、重要区域内以及在重要单体建(构)筑物上设置的景观照明,应当分别纳入市级、区级景观照明集中控制系统。

景观照明集中控制系统对所纳入的景观照明的开启关闭、照明模式、整体效果等实行统一控制。重大活动期间,区级景观照明集中控制系统应当遵守市绿化市容部门的控制要求。

[**解读**] 本条是关于景观照明通过现代科技手段提升精细化管理水平手段的规定。

本条共分两款。第一款是关于建立景观照明集中控制系统的规定。景观照明集中控制是指,通过组建景观控制系统以及通信网络,对纳入控制系统的景观照明设施、控制装置的反馈信息、控制指令、基础数据等信息进行集中管理,实现对现场景观照明设施运行状态的采集,照明启闭控制、照明模式及整体效果的动态调整。1995年,上海率先在全国应用景观照明集中控制技术;2010年系统进行全面升级,形成了集景观灯光监控、无线视频接入、数据分发共享、数据统计分析等多项功能于一体的综合应用信息平台,大大提升了景观照明的智能化控制水平,有力地保障了重大活动和重大节庆期间景观照明效果,也为提高管理效能和考核节能减排指标等提供了数据支撑;又经过多年的技术发展,现在景观照明集中控制不仅是传统意义上的一键开灯、关灯,而是指通过组建集中控制系统,利用现代通信网络,对纳入控制系统的景观照明设施、控制装置的反馈信息、控制指令、基础数据等信息进行集中管理,实现对现场景观照明设施运行状态的采集、照明启闭控制、照明模式及整体效果的动态管理,进一步提高对全市景观灯光运行情况实时监测、数据统计、数据共享、数据分析、数据发布、节能减排管理和应急处置的能力,全面提升上海市景观灯光的精细化管理能级。充分运用智能技术进行集中控制,是景观照明管理现代化的必然途径。随着景观照明的受控区域及规模不断扩大,对景观照明建设和管理的要求越来越高,既力图求新、求变,又要求资源利用效率最大化。因此,集控技术是可以充分挖掘各类灯具及被控设施的综合手段,可以通过时间、空间的变化和动静结合的转换等方面展现景观照明的艺术魅力。

2018 年,由市景观中心建设的黄浦江两岸的市集控系统在首届中国国际进口博览会中投入试运行,提供了景观照明实时控制、联网跨区域大场景控制、节假日动态表演控制以及声光电一体化控制,实现了大场景联动表演。后在第二届进博会光影秀、国庆 70 周年庆祝活动光影秀等重大活动中多次运用,均取得较好的反响,同时在经济、社会效益方面分别取得了卓越的成效,提升了城市夜景,打造出城市新名片,促进了旅游事业发展;提高了行业管理效率,降低了行业管理成本;实现了景观照明设计建设提供辅助支撑,降低了建设成本等。

《办法》将现有管理经验予以固化,明确市和区绿化市容部门应分别成立市、区景观照明集中控制中心,分别负责市级、区级景观照明集中控制系统的建设、运行和日常维护工作;对跨行政区域的核心区域、重要区域景观照明设施,由市绿化和市容部门负责区域性集中控制系统建设,并纳入市景观照明集中控制中心。景观照明集控系统一般按照单栋楼宇、单片区域、行政区、市四个级别的集控系统进行划分,理论上是逐层管理的树形架构,即在满足统一集控接口的条件下,单栋楼宇(单片区域)纳入自己的所在行政区所设立的区集控,区集控统一纳入市级集控。

市级景观照明集中控制系统由市绿化和市容管理局作为行政主管部门,市景观中心作为具体操作单位负责市级景观照明集中控制系统的建设、运行和日常维护工作,并对区级景观照明集中控制的建设作建设指导。其中对于黄浦江两岸(徐浦大桥至吴淞口)、苏州河两岸(外白渡桥至外环)、延安路高架沿线(中山东一路至G50七莘路)、南北高架沿线(济阳路华夏路立交至共和新路中环立交)等跨行政区域的景观照明设施分别纳入黄浦江、苏州河、延安高架、南北高架集中控制系统,由市景观照明集中控制中心实施集中控制,各区控制中心配合。

区级景观照明集中控制系统由区绿化市容部门作为主要负责单位,负责区级集控的建设、运行和日常维护工作。根据《照明规划》以及各区景观照明规划方案,将行政区域内的核心区域、重要区域内以及在重要单体建(构)筑物上设置的景观照明纳入区级集控。

区级景观照明集中控制系统应至少具备如下四个功能模块:(1)景观照明设施控制及数据采集功能:实现对景观照明设施远程控制,支持一键启闭照明、一键调用节目;可对亮灯计划、模式等参数进行设定;支持按单栋建筑、建筑群进行区域精细化控制;支持按单灯、单路、多路进行照明设施精细化控制;支持对动态景观照明方案进行编制;支持景观照明设施回路状态、单灯状态、设施工况、能耗等的数据采集;支持对异常状态报警的采集及记录;支持景观照明实时视频监控图像的采集和上传。(2)照明设施、终端数据管理功能:实现对景观照明灯具、控制终端、配电柜等设备的基础数据管理;实现对照明灯具、终端设施、供配电设施相关图纸、手册等电子文档管理;实现对景观照明灯具、设施运维流程、资料及运维台账管理;实现景观照明运行数据统计分析,可对亮灯率、设施故障率、建筑能耗、区域能耗等指标进行统计。(3)照明设施、终端数据、图像展示功能:可通过2DGIS、3DGIS实现对景观照明设施实时数据、基础数据、统计分析数据进行融合展示;可通过数据报表、图形以及曲线等形式对动、静态数据进行呈现;支持通过显示器、投影机、拼接屏或高清LED屏等载体,对景观照明设施、终端数据及视频监控图像进行实时显示。(4)市、区及区域景观照明集中控制系统应具备数据交互功能:支持景观照明实时数据交互,包括回路开关状态,终端工作状态,能耗(功率、电量)数据,当日计划开关灯计划,异常及报警数据;支持景观照明基础数据交互,包括强弱电控制终端基础信息、电控柜基础信息、现场控制系统拓扑图、3DGIS/BIM模型数据等;支持实时视频图像数据交互,包括视视频监控点基础信息以及实时视频监控图像。

区级景观照明集中控制系统建设时必须满足如下四点要求:(1)景观照明集控终端、电控柜、数据接口建设应遵循标准化原则,宜统一控制回路数量,交接端子定义,形成标准化的图纸及实施方案。(2)核心区;重要区域和重要单体建筑的动态景观照明应采用A类终端,支持单灯动态控制功能。(3)重要区域和重要单体建筑的静态景观照明应采用 B 类终端,支持多回路分路控制功能。(4)其他区域采用 C 类终端。

区级景观照明集中控制系统日常管理中需要满足如下两点要求:(1)市、区两级景观照明集中控制中心对所纳入的景观照明的启闭、照明模式、整体效果等实行统一控制,并采集景观照明开启时的运行数据信息(用电量、亮灯率、故障等),以满足精细化管理需要;(2)各区绿化市容管理部门应加强日常巡查,督促相关单位加强景观照明设施灯光维修和问题整改,确保黄浦江两岸纳入集中控制的景观照明设施处于受控状态,并保证可由市平台集控。景观照明开启期间,各区绿化市容管理部门应加强值班,落实应急抢修保障队伍。

第二款是关于景观照明集中控制系统具体功能的规定。景观照明的开启关闭是指所有纳入集控的景观照明设施实现统一时间的开启和关闭,具体时间按照上海市委市政府及市绿化市容局所发通知为准,以下是现有启闭时间(仅作参考):5 月至 9 月,启闭时间是19:00—23:00;10 月至次年 4 月,启闭时间是 18:00—22:00;重大活动、重大节日期间或台风、暴雨等灾害性天气警报和气象灾害预警信号发布后,市绿化市容局将根据实际情况调整景观照明启闭时间和照明模式,另行发布景观照明启闭信息,以市委市政府要求及市绿化市容局通知为准。景观照明的照明模式与整体效果包括以下几类,常态模式:浦江两岸楼宇、公共空间的景观照明以静态景观照明形式开启。每周一至周四(重要节假日、重大活动保障除外)采用常态模式;节假日模式:在常态模式的基础上,黄浦江两岸重要建筑(吴淞邮轮码头标志建筑、杨浦滨江标志建筑、虹口滨江标志建筑、黄浦外滩万国建筑博览群、浦东陆家嘴标志建筑、徐汇滨江标志建筑等)、桥梁(杨浦大桥、南浦大桥、卢浦大桥、徐浦大桥)以及光耀系统灯光适度动态与色彩变化,两岸音响系统不开启,全市范围内景观照明开启。周五、周六和法定假日采用节假日(一般节假日)模式;节假日[重大节日(重大活动)]模式:充分利用黄浦江两岸楼宇与公共空间的基础景观照明,增加激光灯、光束灯等特效灯光,通过艺术编排,配以契合主题的背景音乐,形成黄浦江两岸具有上海特色的光影秀。展演安排根据市委市政府指示确定,市绿化市容局组织各相关区实施。

另外,重大节日(重大活动)期间,区级景观照明集中控制系统应当遵守市绿化市容部门的控制要求,即根据市委市政府及市绿化市容局所发通知明确为重大活动的时间范围内,核心区域、重要区域以及在重要单体建(构)筑物由市级景观照明集中控制系统统一控制,其他区内纳控楼宇统一按照市绿化市容局要求进行启闭、表演,黄浦江沿岸景观照明因设施检测、维护需要临时调整启闭时间的,相关区绿化市容管理部门应及时掌握情况,并提前报市绿化市容局,由市绿化市容局根据实际情况决定。平日(非重大活动期间)景观照明集中控制均由各区进行管理操作,其中黄浦江沿岸相关区组织重大活动需要景观照明分区控制或需要其他区域配合的,由相关区绿化市容管理部门制订方案,提前 24 小时报市绿化和市容管理局并经同意后执行。

第十六条 (运行和维护)

设置者应当承担景观照明的日常运行和维护责任,保持景观照明整洁完好和正常运行;发现景观照明损坏、灯光或者图案等显示不全影响效果以及超过设计使用年限的,应当及时予以修复、更换。

设置者可以将景观照明移交相关单位负责日常运行和维护。

市、区绿化市容部门可以会同同级发展改革、财政等有关部门制定政策,对核心区域、重要区域内以及重要单体建(构)筑物的景观照明运行和维护予以支持。

[解读] 本条是关于景观照明设施建成后的运行维护方式方法、资金来源等的规定。

本条共分三款。第一款是关于景观照明设施运行和维护主体责任人以及对运行和维护内容的规定。景观照明设施的运行维护管理工作,按照"谁设置,谁负责"的原则,由设置者负责。上海市绿化市容部门是本市景观照明设施运行维护的行政主管部门,负责全市景观照明设施运行维护的指导协调和考核工作;区绿化市容部门负责所辖区域内景观照明设施运行维护的组织、指导协调和监督管理工作。

景观照明日常运行和维护的主要责任包括:保持景观照明整洁完好和正常运行;发现损坏、灯光或者图案等显示不全影响效果以及超过设计使用年限的,及时予以修复、更换。具体参见《上海市绿化和市容管理局关于印发〈关于加强本市景观照明集中控制工作的指导意见(试行)〉和〈上海市景观照明设施运行维护工作指导意见(试行)〉的通知》(沪绿容〔2020〕293号)。在规范中明确检测内容与其相关要求至少包含以下十条:(1)景观照明设施检查:对处于使用阶段的景观照明设施,如灯具、光源、电器、支架等应进行定期养护;对于灯具、支架及固定件的检查应在日间进行,主要包括检查灯具、支架是否有损坏,形变,腐蚀,脱落等情况;对于景观照明设施的功能性检查应在夜间进行,主要包括检查照明设施是否存在不亮、光衰、闪烁、色差等情况;对于LED等动态照明,应检查其色温及动态变化控制是否正常,是否存在闪烁、缺色等异常情况。（2）景观照明设施清洁：定期对景观照明设施进行清洁，定期扫除灯具上附着的污物、灰尘等，确保灯光照射亮度；在进行灯具清洁工作时，需要确保回路处于断电状态，并需要注意灯具表面及周围环境是否存在油脂或其他易燃物品，如发现则应将其尽快清除。（3）灯具及支架保养：定期对灯具、底座，以及墙体的安装牢固情况进行检查，如发现连接部件松动或脱落应及时紧固，情况严重时需要进行更换处理；发现灯具、支架及底座连接处存在锈蚀的，应清除锈蚀并进行防锈处理，锈蚀严重的情况下需要对连接件进行更换处理。（4）光源检测及保养：养护期间，应对景观照明光源的光衰情况进行定期抽检，并对光衰严重的光源进行更换；根据照明光源的额定寿命，定期、批量更换光源，更换的光源应同原有光源标称指标一致。（5）景观照明配电箱保养：定期检查景观照明配电箱，重点观察配电箱有无变形、破损、水浸、小动物滞留等情况，如情况严重则需要及时通报修复；定期对配电箱进行扫尘作业，一般每两周进行一次。（6）配电箱电气回路保养：对景观照明配电箱内电气回路应进行开箱检测，检查接地是否可靠、良好，接线螺丝有无松动、锈蚀等情况，并定期对配电箱内的接线端子进行紧固；检查电压表、电流表、负载容量是否相符，工作指示灯是否正常，并检查电气回路保护装置是否正常工作,相应的断路器、熔断器、空气开关、避雷器等装置是否损坏;检查接线端子是否存在过热氧化情况,配电输出是否存在缺相的情况,输出电流是否超过线路负荷;检查配电箱内设施、线缆、端子标识、电器原理图、物料清单等资料是否完好、清晰,如出现问题应及时改正。(7)供电电缆养护:检查供电电缆连接处是否有松动,护套是否有松脱、损伤及动物噬咬痕迹;定期检查线路绝缘,要求导线绝缘电阻大于 500 MΩ(兆欧),电缆绝缘电阻大于 1 000 MΩ(兆欧);对于电缆接线盒则要注意检查其是否存在破损情况,特别对于室外使用接线盒,要检查其防水密闭性能是否符合要求。对于破损的电缆应及时做好绝缘防护措施,损坏严重时应予以分段(全段)更换。(8)电缆沟(井)、桥架、管线养护:定期检查景观照明供电线路所涉及的电缆沟、电缆井、电缆管以及电缆桥架等相关设备,确保其无损坏,移位,锈蚀、破损等情况;定期检查电缆过境孔、穿墙孔等处防水密闭情况,确保其无渗漏情况发生。(9)电缆相关标识检查:定期检查线缆标识牌,确保其无损坏、脱落及模糊情况,并对损坏标识进行更换;定期对线缆标识同最新的工程图纸进行核对,出现不一致的情况应及时修正。(10)防雷接地养护:定期检查景观照明、供配电设施防雷接地装置,确保其结构符合原设计要求,并正常工作;检查景观照明灯具、支架接地情况,确保其接地连接部无松动、脱落、断裂及锈蚀等情况;检查景观照明、供配电设施的接地引线状况,确保其表面涂层完好无脱落;检查室外照明配电箱体同接地桩连接是否牢固,接地桩是否存在腐蚀;定期对室外配电箱的接地电阻测试,工作接地电阻及保护接地电阻不高于 4 Ω;定期检查配电箱内的避雷器,查看其是否有损坏、失效的情况。

规范中同样明确了景观照明及其配套设施维修的三条相关规定及其细则适用于本款:(1)一般性规定:景观照明及供配电设施维护施工应符合现行的国家相关规范(建筑、电气、消防),杜绝不规范操作;维修过程中所选用的替换件必须符合国家、行业的相关强制性标准,并具备 3C 认证,合法合规;常用维修替换件数量应不小于已安装该类部件数量的 3%,并应对备件消耗和流转做好记录,定期核对备件数量;对于定制产品,除了有厂商和型号标识外,应有详细的资料对其技术规格、结构等进行说明;实施景观照明设施维修的工程人员,数量应不少于两人,进行带电作业及高空作业时,必须持证上岗,并应采取保险带等安全措施。(2)景观照明设施维修:在进行灯具及光源更换时,相关技术参数应等同原灯具设施,对于同原有设备存在差异的参数,特

别是色温、功率等方面参数,必须对其适用性进行评估;
灯具的维修及更换应确保其安装方式同原有灯具相同,
确保安装牢固度、照明角度,照明质量符合使用要求。
(3)供配电设施及线路维修:对供配电设施进行维修时,
所使用的维修备件技术指标应同被更换的部件一致;对
于供电电缆出现损坏需要更换时,所使用的电缆指标应
不低于原电缆,并应做好隐蔽工程,不得使用飞挂等布
线方式;如采用分段更换,则需要确保电缆接头处绝缘、
防水性能符合安全要求。

第二款是关于景观照明设施通过政府购买服务委
托第三方承担的方式进行运行和维护的规定。景观照
明设施日常维护工作面广量大、专业性强,区绿化和市
容管理部门普遍采取政府购买服务方式委托第三方承
担。服务内容包括日常巡查、维护、维修工作。维护服
务购买机制的对象是政府投资建设的景观照明项目,区
绿化和市容局负责日常的监管工作。委托第三方进行
日常维护及维修工作,但最终责任仍在政府。对社会投
资建设景观照明设施,根据具体政策细则(如:关于上海
市景观照明执行路灯电价管理实施细则)进行运行操作
或补贴。日常维护工作需通过公开招标形式委托第三
方承担。具体工作包括日常巡查和维护整修,由管理部
门定期进行考核。根据《景观照明设施维护规范(试

行)》中内容,第三方进行景观照明设施的运行和维护时,需做好相应的文档记录工作,对景观照明设施的外观、安全性、亮灯情况等进行检查,如实填写巡查记录表,并及时对巡查记录比对及归档。当发现景观照明设施的运行状况改变以及发生其他状况时,应及时更新养护记录,具体内容如下:(1)应对之前项目建设期间及前个运维周期间留下的资料进行整理、核对工作,确保相应图纸、资料、文档、手册没有遗漏。(2)例行养护、巡检或者是故障维修、抢修等,均应做好相应的事件记录,时间记录应包括事件类型,事件描述,事件分析,处置手段,处理结果等内容,并应及时整理汇总。(3)完成相应的例行养护、维修等工作后,应及时对相关过程文档进行汇总、归档,并应对维修过程中的设备更换记录进行整理。(4)当维修工作对原有设计结构造成改动时,应通过修改或者备注说明的方式对基础资料进行更新,确保景观照明设施基础资料的正确性。(5)供配电箱主要包括原理图、接线图、二次回路图、物料清单表等;景观照明供电线路则主要包括管线图、接线图以及线缆规格表等资料。(6)承接维护工作的单位应在其维护周期内对上述资料进行核对、整理及更新,并向业主单位及管理部门报备,确保其同现场情况相一致。

第三款是关于景观照明设施运行和维护经费来源

的规定。运行和维护经费的来源分为三个方面:(1)政府投资建设的景观照明设施,运行、维护费用由财政性资金承担。即市、区绿化市容部门可以会同同级发展改革、财政等有关部门制定政策,对核心区域、重要区域内以及重要单体建(构)筑物的景观照明运行和维护予以支持。(2)社会投资建设的景观照明设施,运行、维护费用由产权所有人或使用权人承担。(3)对核心区域、重要区域内以及重要单体建(构)筑物的景观照明运行和维护的责任主体承担有困难的,由区绿化市容部门会同同级发展改革、财政等有关部门制定政策予以支持。另外关于运行、维护费标准、景观照明设施的使用年限标准以及对核心区域、重要区域内以及重要单体建(构)筑物责任主体承担运行维护有困难的明确定义均以市绿化和市容管理局发布的文件为准。

2024年9月,由市住建委、市绿化市容局、市建筑建材业市场管理总站、市景观中心等部门以及行业企业联合编制的《上海市绿化市容工程养护维修估算指标第五册 景观照明(SHA2-42(05)-2024)(试行)》在首届上海国际光影节期间正式发布,这是国内首部政府主管部门颁布的景观照明养护维修估算指标,具有开创性和引领性。该《估算指标》适用于上海市行政区域范围内景观照明设施的日常运行,遵循安全和节能的原则,满足景观照明的功能性要求,即日常运行监视与控制、巡修、巡检、小修和应急抢修,不包含专项维修更新。《估算指标》的实施,将全面提升上海市城市精细化管理水平和景观照明管理能力,将是景观照明设施管理部门编制景观照明设施养护维修年度经费、各区财政拨款部门审核和拨付景观照明养护维修年度经费的重要参考依据,也将为兄弟省市加强景观照明养护维修提供有益借鉴。

第十七条 (安全管理)

设置者应当加强景观照明的安全检查和检测,确保景观照明运行安全。

景观照明及其安装固定件应当具备防止脱落、倾倒的安全防护措施;人员能触及的景观照明应当具备必要的隔离保护措施。

市、区绿化市容部门应当加强景观照明集中控制系统的网络安全管理,防止集中控制系统被非法入侵、篡改数据或者非法利用。

[解读] 本条是关于加强上海市景观照明安全管理的规定。

本条共分三款。第一款是关于设置者加强景观照明设施安全检查,确保景观照明运行安全的规定。根据

"谁设置、谁负责"制度，建(构筑物)的所有权人、使用权人应当按照《照明规划》要求设置景观照明设施，并承担景观照明日常运行职责，保持景观照明设施完好，不得擅自拆除、移动设施。对于《照明规划》中核心区域、重要区域内政府投资建设的景观照明设施，由政府予以运行；由社会投资建设的景观照明设施由设置者自行负责运行，由政府承担相应费用。景观照明设施安全检查一般指的是景观照明设施日常安全维护，由于安全维护工作面广量大、专业性强，各区绿化市容管理部门普遍采取政府购买服务方式委托第三方承担，服务内容包括景观照明设施日常巡查、维护、维修工作。根据《上海市绿化和市容管理局关于印发〈关于加强本市景观照明集中控制工作的指导意见(试行)〉和〈上海市景观照明设施运行维护工作指导意见(试行)〉的通知》规定：景观照明设施的安全检查检测一般通过例行巡查的方式完成，并根据景观照明区域的重要性进行调整，一般来说，核心区域照明设施每周巡查一次，供配电设施每月巡查一次；重要区域照明设施每两周巡查一次，供配电设施每两个月巡查一次；一般区域照明设施每月巡查一次，供配电设施每季度巡查一次；在重大节日、重大活动保障前夕，应对景观照明设施、供配电设施进行全面检查；需要根据重要节假日开灯保障任务有针对性地进行试灯，确保景观照明正常亮灯。

第二款是关于景观照明管理部门对景观照明设施安全管理的规定。景观照明设施的安全防护需满足最基本的防止脱落、倾倒的安全防护措施和必要的隔离保护措施。在实际操作过程中，还需通过对景观照明、供配电设施进行外观检查、仪表检测等方式，检查照明、供配电设施是否有污损、故障或者安全隐患，并及时进行处置，确保景观照明及供配电设施完好。景观照明设施的安全管理主要针对景观照明设施的日常运行安全和生产安全两部分内容，具体包括以下几项：(1)景观照明灯具养护，包括灯具外观检查、支架牢固度检查，光源光衰检测等。(2)景观照明供配电设施养护，包括配电箱的外观检查，内部电气回路，防雷接地可靠性检查等。(3)景观照明供电电缆养护，包括对供电电缆的连接紧密度检查，电缆绝缘检查及外观检查等。(4)景观照明灯具、供配电设施的日常清洁、保养等。在进行安全检查操作期间应做好相应的文档记录工作，对景观照明设施的外观、安全性、亮灯情况进行检查，如实填写巡查记录表，并及时对巡查记录比对及归档。对于景观照明设计的防盗和防损则应根据现场情况采取恰当的临时处理措施，如有带电的裸线暴露在外面，应切断该路供电，并采用临时防绝缘措施确保安全，防止事故扩大，减小熄灯范围;统计设施被盗、损坏数量,向管辖此地段的派出所报案、确认损失数量,将确认的数量书面上报相关部门备案,作为以后的恢复依据。例行养护、巡查或者故障维修、抢修等,均应做好相应的事件记录,事件记录应包括事件类型、事件描述、事件分析、处置手段、处理结果等内容,并及时整理汇总,承接维护工作的单位应在其维护周期内对上述资料进行核对、整理及更新,并向业主单位及管理部门报备,确保其同现场情况相一致。另外,根据《关于做好户外广告、店招店牌、景观灯光等户外设施防台防汛工作的通知》(沪绿容〔2017〕169号)要求,景观照明设施需要按照《关于本市户外广告、招牌、景观灯光设施防台防汛应急预案》(以下简称《应急预案》)的要求,对安装在道路、行道树、行人易接触到的各类固定、临时景观灯光设施以及设置期限长的各类控制设施,督促景观灯光施工单位(养护单位)全面开展户外设施安全检查工作,及时发现并消除各类安全隐患。各区(县)绿化市容管理部门要根据设置者(使用者)自查的情况开展抽查工作,并与市局管理部门重点查相结合,全面落实检查工作,检查发现存在安全隐患的,及时向设置者(使用者)发放整改通知书,逾期不整改的,代为整改或拆除。

第三款是关于景观照明集中控制系统网络安全管

理的规定。目前的集中控制系统是集景观灯光监控、无线视频接入、数据分发共享、数据统计分析等多项功能于一体的综合应用信息平台。大大提升了景观照明的智能化控制水平,有力地保障了重大活动和重大节庆期间景观照明效果,也为提高管理效能和考核节能减排指标等提供了数据支撑。但是,网络存在安全风险和威胁,必须保护集控系统免受攻击、侵入、干扰和破坏,维护网络安全和秩序。《中华人民共和国网络安全法》规定:"任何个人和组织使用网络应当遵守宪法法律,遵守公共秩序,尊重社会公德,不得危害网络安全,不得利用网络从事危害国家安全、荣誉和利益,煽动颠覆国家政权、推翻社会主义制度,煽动分裂国家、破坏国家统一,宣扬恐怖主义、极端主义,宣扬民族仇恨、民族歧视,传播暴力、淫秽色情信息,编造、传播虚假信息扰乱经济秩序和社会秩序,以及侵害他人名誉、隐私、知识产权和其他合法权益等活动。"因此,应当定期对景观照明集中控制系统进行网络安全测评,发现不符合等级保护标准要求的应及时整改。

第十八条 (禁止擅自发布广告)

禁止利用景观照明擅自发布户外广告。对违法利用景观照明发布户外广告的,由有关部门按照户外广告有关法律、法规、规章的规定,作出责令改正、罚款、强制拆除等处理。

　　[**解读**]　本条是关于利用景观照明擅自发布广告的禁止性规定。

　　随着景观照明新技术、新产品的发展,新型景观照明表现形式应运而生,会出现部分景观照明异化为广告,利用景观照明发布户外广告的情况。从定义区分,景观照明,是指利用建(构)筑物以及广场、公园、公共绿化等设置的,以装饰和造景为目的的户外人工光照。户外广告设施是指利用建筑物、构筑物、场地设置的霓虹灯、展示牌、电子显示装置、灯箱、事物造型以及其他形式的向户外空间发布广告的设施。这两者均有相应的规章予以规范,目前上海市广告的设置按照《上海市流动户外广告设置管理规定上海市户外广告设施管理办法》(第53号令)景观照明按照《上海市景观照明管理办法》,两者管理界限清晰,管理办法明确。

　　如果既包含景观照明又包含户外广告,则按照户外广告进行管理。《上海市户外广告设施管理办法》对此操作有明确规定,例如第二十二条电子显示装置的源头管理中规定:"新建、改建、扩建建设工程时,利用建筑物、构筑物外立面设置电子显示装置的,建设单位应当在向市或者区(县)规划行政管理部门申请审查设计方案时,提交电子显示装置的设计方案等材料。市或者区(县)规划行政管理部门在审查建设工程设计方案时,应当就电子显示装置设置是否符合阵地规划及实施方案和有关技术规范的规定,征求建设工程所在地区(县)绿化市容行业管理部门的意见。经审查不符合规定的,市或者区(县)规划行政管理部门不予批准并告知理由。"此规定是从源头上对电子显示装置加以控制,严格规范审批,即规划部门在审查建设工程设计方案时,应严格按照规定,对建筑立面涉及设置电子显示装置的,须征求建设工程所在地区绿化市容行政管理部门的意见。经审查不符合规定的,不予批准。同时绿化市容部门要严格按照《上海市户外广告设施设置阵地规划(修编)》及其实施方案要求开展审批工作。对不符合规划、实施方案及有关技术规范的各类设置户外电子显示设施的申请,不得以其他形式进行审批。2018年上海市绿化市容局在此基础上下发了《关于加强本市利用户外电子显示设施发布广告行为管理的通知》(沪绿容〔2018〕294号),明确规定:"任何单位和个人未经行政许可,不得擅自设置任何形式的户外电子显示设施;未经许可擅自设置的户外电子设施不得播放任何内容的广告;政府部门不得征用违法户外电子设施发布信息,各领域发布信息的电子设施不得发布任何形式的广告。"

在实际操作中,对经行政许可设置的电子显示设施,管理部门也提出精细化要求,例如要求各区(县)建立信息管理制度,设置单位应明确播放、维护责任人,播放机房要建立出入登记制度,禁止无关人员出入和使用设备;对使用播放控制信息系统进行内容播控的电子显示设施,设置单位要明确主体责任,依法落实网络安全等级保护制度要求,履行安全保护义务。电子显示设施一般不得与网络联网,已经联网的,必须采用先进的技术防范措施,确保不发生网络入侵事件。相关系统维护日志按照规定留存时间不少于六个月。电子显示设施设置单位应建立播放视频、字幕、图片的逐级审批制度和专人播放制度,并落实防非法插播措施。同时也需要宣传部门协同加强对播放公益广告内容的管理,工商和市场监管部门协同加强对广告内容的监管。

对违法利用景观照明发布户外广告的,《市容条例》第二十九条第一款规定:"户外广告设施设置应当符合户外广告设施设置规划、实施方案和技术规范的要求。违反规定的,由城市管理综合执法部门责令改正或者责令拆除,对违反设置规划和实施方案的,处五千元以上五万元以下罚款,对不符合技术规范的,处一千元以上一万元以下罚款。"第五款规定:"单位和个人不得为违反户外广告设施设置规划、实施方案要求的户外广告设施提供设置载体。违反规定的,由城市管理综合执法部门责令改正,拒不改正的,处三千元以上三万元以下罚款。"

第十九条 (监督检查)

市、区绿化市容和城管执法等部门应当按照各自职责,对景观照明的建设、运行、维护等情况实施监督检查。

景观照明的日常运行、维护情况,应当纳入城市网格化管理范围。

[解读] 本条是关于景观照明监督检查的规定。

本条共分两款。第一款是关于绿化市容部门和城管执法部门监督检查职责的规定。各行政机关行使其法定职权时必须遵守的职权法定原则,是拥有行政职权的行政机关、被授权组织及受委托的组织实施行政行为的首要前提。行政职权是行政机关或公务员为实现特定的行政目的、履行其法定职责而拥有的权力,其持有者是行政机关或公务员,并且是行政机关或公务员依法取得从事某种活动的资格或能力。在具体执法过程中,如果发现所查处案件不属于自身职责范围,应当依法移送其他行政机关。行政机关之间的执法协作,是落实职权法定原则的具体表现,也是一项避免产生管理和执法漏洞的具体工作。景观照明管理的源头管理涉及多个行政管理部门，城管执法等部门也有相应的管理权，包括景观照明建设、运行、维护等全过程情况的监督检查。对违反《办法》的应按照《市容条例》第二十五条第三款"禁止在景观照明规划划定的禁设区域设置景观照明。在核心区域、重要区域以及重要单体建(构)筑物上设置景观照明的，应当按照规划实施方案和技术规范设置。其他区域内设置景观照明的，应当符合技术规范要求。违反规定的，由城市管理综合执法部门责令改正或者责令拆除；拒不改正或者拆除的，处五千元以上五万元以下罚款"以及第二十七条"景观照明的设置者应当保持景观照明的整洁、完好和正常运行。对存在安全隐患或者失去使用价值的景观照明，设置者应当及时整修或者拆除。违反规定的，由城市管理综合执法部门责令改正或者责令拆除；拒不改正或者拆除的，处五百元以上五千元以下罚款"进行处罚。

第二款是关于景观照明纳入网格化管理的规定。自2013年上海市政府颁布《上海市城市网格化管理办法》以来，集相关体制机制、管理标准和信息平台于一体的管理模式日趋成熟，已基本建立市、区(县)相关城市管理、执法、监督、作业、服务等部门共同参与的网格化管理工作体系，形成网络确定、内容明了、责任清晰、流程闭合的网络化管理标准体系,具备了对本市城市化地区公共空间范围内城市管理问题从发现到处置实施监督指挥的能力。将景观照明的日常运行、维护,纳入城市网格化管理,主要与"12345"市民服务热线相衔接、与"12319"城建服务热线相融合,按照市区分工、条块协同、以块为主、条线尽责的市、区(县)、街镇三级管理体系,充分发挥街镇的发现、处置效能,形成标准明确、管理规范、联动高效的城市综合管理监督体系并与其他相关行业管理信息系统互联互通,有效提升景观照明管理水平。

第二十条 (投诉和举报)

任何单位和个人发现有违反本办法规定行为的,可以向绿化市容部门、城管执法部门或者其他有关部门投诉或者举报。有关部门接到投诉和举报后,应当根据职责及时处理,并将处理结果予以反馈。

[解读] 本条是关于投诉、举报处理制度的规定。

投诉处理是立法中普遍规定的条款,体现的是行政管理部门接受社会公众监督、及时处理和回应管理问题的目的。社会公众的监督是行政管理法制监督的重要组成部分,是人民群众直接管理国家事务、经济和文化事业、社会事务的重要手段,是切实进行社会主义民主政治建设的重要保证。社会监督的表现形式主要为投诉、举报等,实施途径是直接向有关主管部门提出。为保障社会群众实施监督的权利,市民可以通过12345市民服务热线、12319城建热线以及市容环境监督投诉电话等方式进行投诉举报,24小时有专人处理此项工作,也可以通过写信、电话方式向《办法》所列的绿化市容行政管理部门、城管执法部门以及其他相关管理部门进行投诉、举报。对市民的举报投诉,均应当按照规定的程序以及时间期限及时回复。其中,对于举报和投诉反映问题属实的,应当依法予以处理,并告知举报人、投诉人处理结果;对于举报和投诉反映问题不属实的,应当向举报人、投诉人说明有关情况;对于不属于自身部门职责的,应当及时移交有权处理的部门予以处理,并告知举报人和投诉人。同时,受理投诉、举报的部门应当依法为举报人、投诉人保密。

第二十一条 （指引性规定）

对违反本办法规定的行为,有关法律、法规、规章已有处罚规定的,从其规定。

[解读] 本条是对违反《办法》行为的指引性规定。

本条内容是对于违反《办法》规定行为,应承担的法律责任。除了《办法》已设定的法律责任,在法律、行政法规中,对《办法》规定的其他行为,如有相应的法律责任,则服从其规定。主要集中于《市容条例》第二十五、二十六、二十七条的规定,有三个处罚事项:一是对于在禁设区域设置不符合规划或者有关技术规范景观照明的处罚,由城市管理综合执法部门责令改正或者责令拆除;拒不改正或者拆除的,处五千元以上五万元以下罚款。二是景观照明未纳入集中控制系统的,由城市管理综合执法部门责令改正;拒不改正的,处一万元以上五万元以下罚款。三是景观照明存在安全隐患或者失去使用价值的,由城市管理综合执法部门责令改正或者责令拆除;拒不改正或者拆除的,处五百元以上五千元以下罚款。

第二十二条 （对未纳入集控的处罚）

违反本办法第十五条第一款规定,景观照明未纳入市级或者区级景观照明集中控制系统的,由城管执法部门责令限期改正;逾期不改正的,处1万元以上5万元以下的罚款。

[解读] 本条是关于对景观照明未纳入集控系统进行行政处罚的规定。

《中华人民共和国行政处罚法》第十六条规定:"国务院或者经国务院授权的省、自治区、直辖市人民政府可以决定一个行政机关行使有关行政机关的行政处权,但限制人身自由的行政处罚权只能由公安机关行使。"《上海市城市管理综合行政执法条例》第十一条第一款第(一)项规定:"市和区、县城管执法部门以及乡、镇人民政府实施城市管理行政执法的范围包括:(一)依据市容环境卫生管理方面法律、法规和规章的规定,对违反市容环境卫生管理的违法行为实施行政处罚。"通过地方性法规授予城管执法部门行使相对集中行政处罚权。《办法》属于市容环境卫生管理范畴,故对《办法》的处罚事项是由城管执法部门行使的。

根据《办法》第十五条第一款规定,市和区绿化市容部门应当分别建立市级、区级景观照明集中控制系统。核心区域、重要区域内以及在重要单体建(构)筑物上设置的景观照明,应当分别纳入市级、区级景观照明集中控制系统。根据此条规定,位于核心区域、重要区域以及在重要单体建(构)筑物上设置的景观照明均应根据市区职责分工纳入市级、区级景观照明集中控制系统,对于未纳入市级或者区级景观照明集中控制系统的,由城市管理综合执法部门责令改正,拒不改正的,处一万元以上五万元以下罚款。新修订的《市容条例》已将此项处罚事项予以吸纳。

第二十三条 (施行日期)

本办法自 2020 年 1 月 1 日起施行。

[解读]　本条是关于《办法》施行日期的规定。

法的效力范围,包括空间效力、对人的效力和时间效力三方面内容。其中,时间效力范围就是法律生效和失效的时间问题,以及法律对其颁布实施以前的时间和行为有无溯及力的问题。法律一般只能适用于生效后发生的事实和关系,不适用于生效前发生的事实和关系,即法律不溯及既往的原则,该原则已成为各国法律遵循的原则,《办法》施行后发生的行为,必须按照《办法》规定执行。

《办法》于 2019 年 11 月 11 日市政府第 70 次常务会议通过,自 2020 年 1 月 1 日起施行。

第二部分

附　　录

1. 城市照明管理规定

（2010 年 5 月 27 日住房和城乡建设部令第 4 号公布　自 2010 年 7 月 1 日起施行）

第一章　总　　则

第一条　为了加强城市照明管理,促进能源节约,改善城市照明环境,制定本规定。

第二条　城市照明的规划、建设、维护和监督管理,适用本规定。

第三条　城市照明工作应当遵循以人为本、经济适用、节能环保、美化环境的原则,严格控制公用设施和大型建筑物装饰性景观照明能耗。

第四条　国务院住房和城乡建设主管部门指导全国的城市照明工作。

省、自治区人民政府住房和城乡建设主管部门对本行政区域内城市照明实施监督管理。

城市人民政府确定的城市照明主管部门负责本行政区域内城市照明管理的具体工作。

第五条 城市照明主管部门应当对在城市照明节能工作中做出显著成绩的单位和个人给予表彰或者奖励。

第二章 规划和建设

第六条 城市照明主管部门应当会同有关部门,依据城市总体规划,组织编制城市照明专项规划,报本级人民政府批准后组织实施。

第七条 城市照明主管部门应当委托具备相应资质的单位承担城市照明专项规划的编制工作。

编制城市照明专项规划,应当根据城市经济社会发展水平,结合城市自然地理环境、人文条件,按照城市总体规划确定的城市功能分区,对不同区域的照明效果提出要求。

第八条 从事城市照明工程勘察、设计、施工、监理的单位应当具备相应的资质;相关专业技术人员应当依法取得相应的执业资格。

第九条 城市照明主管部门应当依据城市照明专项规划,组织制定城市照明设施建设年度计划,报同级人民政府批准后实施。

第十条 新建、改建城市照明设施,应当根据城市照明专项规划确定各类区域照明的亮度、能耗标准,并符合国家有关标准规范。

第十一条　政府投资的城市照明设施的建设经费，应当纳入城市建设资金计划。

国家鼓励社会资金用于城市照明设施的建设和维护。

第十二条　新建、改建城市道路项目的功能照明装灯率应当达到100％。

与城市道路、住宅区及重要建(构)筑物配套的城市照明设施，应当按照城市照明规划建设，与主体工程同步设计、施工、验收和使用。

第十三条　对符合城市照明设施安装条件的建(构)筑物和支撑物，可以在不影响其功能和周边环境的前提下，安装照明设施。

第三章　节　约　能　源

第十四条　国家支持城市照明科学技术研究，推广使用节能、环保的照明新技术、新产品，开展绿色照明活动，提高城市照明的科学技术水平。

第十五条　国家鼓励在城市照明设施建设和改造中安装和使用太阳能等可再生能源利用系统。

第十六条　城市照明主管部门应当依据城市照明规划，制定城市照明节能计划和节能技术措施，优先发展和建设功能照明,严格控制景观照明的范围、亮度和能耗密度,并依据国家有关规定,限时全部淘汰低效照明产品。

第十七条 城市照明主管部门应当定期开展节能教育和岗位节能培训,提高城市照明维护单位的节能水平。

第十八条 城市照明主管部门应当建立城市照明能耗考核制度,定期对城市景观照明能耗等情况进行检查。

第十九条 城市照明维护单位应当建立和完善分区、分时、分级的照明节能控制措施,严禁使用高耗能灯具,积极采用高效的光源和照明灯具、节能型的镇流器和控制电器以及先进的灯控方式,优先选择通过认证的高效节能产品。

任何单位不得在城市景观照明中有过度照明等超能耗标准的行为。

第二十条 城市照明可以采取合同能源管理的方式,选择专业性能源管理公司管理城市照明设施。

第四章 管理和维护

第二十一条 城市照明主管部门应当建立健全各项规章制度,加强对城市照明设施的监管,保证城市照明设施的完好和正常运行。

第二十二条　城市照明设施的管理和维护,应当符合有关标准规范。

第二十三条　城市照明主管部门可以采取招标投标的方式确定城市照明设施维护单位,具体负责政府投资的城市照明设施的维护工作。

第二十四条　非政府投资建设的城市照明设施由建设单位负责维护;符合下列条件的,办理资产移交手续后,可以移交城市照明主管部门管理:

(一)符合城市照明专项规划及有关标准;

(二)提供必要的维护、运行条件;

(三)提供完整的竣工验收资料;

(四)城市人民政府规定的其他条件和范围。

第二十五条　政府预算安排的城市照明设施运行维护费用应当专款专用,保证城市照明设施的正常运行。

第二十六条　城市照明设施维护单位应当定期对照明灯具进行清扫,改善照明效果,并可以采取精确等量分时照明等节能措施。

第二十七条　因自然生长而不符合安全距离标准的树木,由城市照明主管部门通知有关单位及时修剪;因不可抗力致使树木严重危及城市照明设施安全运行的,城市照明维护单位可以采取紧急措施进行修剪,并及时报告城市园林绿化主管部门。

第二十八条 任何单位和个人都应当保护城市照明设施,不得实施下列行为:

(一)在城市照明设施上刻划、涂污;

(二)在城市照明设施安全距离内,擅自植树、挖坑取土或者设置其他物体,或者倾倒含酸、碱、盐等腐蚀物或者具有腐蚀性的废渣、废液;

(三)擅自在城市照明设施上张贴、悬挂、设置宣传品、广告;

(四)擅自在城市照明设施上架设线缆、安置其它设施或者接用电源;

(五)擅自迁移、拆除、利用城市照明设施;

(六)其他可能影响城市照明设施正常运行的行为。

第二十九条 损坏城市照明设施的单位和个人,应当立即保护事故现场,防止事故扩大,并通知城市照明主管部门。

第五章 法 律 责 任

第三十条 不具备相应资质的单位和不具备相应执业资格证书的专业技术人员从事城市照明工程勘察、

设计、施工、监理的,依照有关法律、法规和规章予以处罚。

第三十一条 违反本规定,在城市景观照明中有过度照明等超能耗标准行为的,由城市照明主管部门责令限期改正;逾期未改正的,处以 1 000 元以上 3 万元以下的罚款。

第三十二条 违反本规定,有第二十八条规定行为之一的,由城市照明主管部门责令限期改正,对个人处以 200 元以上 1 000 元以下的罚款;对单位处以 1 000 元以上 3 万元以下的罚款;造成损失的,依法赔偿损失。

第三十三条 城市照明主管部门工作人员玩忽职守、滥用职权、徇私舞弊的,依法给予行政处分;构成犯罪的,依法追究刑事责任。

第六章 附 则

第三十四条 本规定下列用语的含义是:

(一) 城市照明是指在城市规划区内城市道路、隧道、广场、公园、公共绿地、名胜古迹以及其他建(构)筑物的功能照明或者景观照明。

(二) 功能照明是指通过人工光以保障人们出行和户外活动安全为目的的照明。

(三) 景观照明是指在户外通过人工光以装饰和造

景为目的的照明。

(四)城市照明设施是指用于城市照明的照明器具以及配电、监控、节能等系统的设备和附属设施等。

第三十五条 镇、乡和未设镇建制工矿区的照明管理,可以参照本规定执行。

各地可以根据本规定制定实施细则。

第三十六条 本规定自 2010 年 7 月 1 日起施行,《城市道路照明设施管理规定》(建设部令第 21 号)、《建设部关于修改〈城市道路照明设施管理规定〉的决定》(建设部令第 104 号)同时废止。

2. 上海市市容环境卫生管理条例

（2001年11月14日上海市第十一届人民代表大会常务委员会第三十三次会议通过 根据2003年4月24日上海市第十二届人民代表大会常务委员会第三次会议《关于修改〈上海市市容环境卫生管理条例〉的决定》第一次修正 根据2009年2月24日上海市第十三届人民代表大会常务委员会第九次会议《关于修改〈上海市市容环境卫生管理条例〉的决定》第二次修正 根据2018年12月20日上海市第十五届人民代表大会常务委员会第八次会议《关于修改〈上海市供水管理条例〉等9件地方性法规的决定》第三次修正 2018年12月20日上海市第十五届人民代表大会常务委员会第八次会议《关于修政〈上海市供水管理条例〉等9件地方性法规的决定》第三次修正 2022年9月22日上海市第十五届人民代表大会常务委员会第四十四次会议修订）

第一章 总 则

第一条 为了践行"人民城市人民建,人民城市为人民"重要理念,加强市容和环境卫生管理,保障城市整洁、有序、温馨、安全、美观,实现高效能治理,创造高品质生活,根据《中华人民共和国固体废物污染环境防治法》《城市市容和环境卫生管理条例》等有关法律、行政法规规定,结合本市实际,制定本条例。

第二条　本市行政区域内市容环境卫生管理及其相关活动,适用本条例。

第三条　本市市容环境卫生工作应当体现全覆盖、全过程、全天候和法治化、标准化、智能化、社会化的要求,遵循以人为本、城乡统筹、分级管理、绿色低碳、共治共享的原则,实行精细化管理。

第四条　市人民政府应当加强市容环境卫生工作的领导,建立市容环境卫生管理工作综合协调机制,统筹本市市容环境卫生工作,研究、决定市容环境卫生相关重大事项,协调处置跨部门、跨区域市容环境卫生问题。

区人民政府应当加强本行政区域内市容环境卫生工作的领导,建立相应的综合协调机制,统筹、协调本行政区域市容环境卫生工作。

街道办事处、乡镇人民政府按照职责开展本辖区的市容环境卫生相关管理工作,对本区域范围内的市容环境卫生工作进行协调、监督。

第五条　市绿化市容部门是本市市容环境卫生工作的主管部门,负责组织制定市容环境卫生有关规划、标准、技术规范和管理规范,并承担市容环境卫生相关服务和管理活动的组织、协调、指导、监督职责。

区绿化市容部门负责组织实施本行政区域内的市容环境卫生管理工作。

发展改革、规划资源、住房城乡建设管理、公安、财政、民政、农业农村、商务、市场监管、交通、生态环境、水务、文化旅游、房屋管理、应急管理、卫生健康以及海事等有关部门按照各自职责,协同实施本条例。

第六条 本条例规定的市容环境卫生违法行为,由城管执法部门以及街道办事处、乡镇人民政府(以下统称城市管理综合执法部门)实施行政处罚及相关的行政检查、行政强制。城市管理综合执法部门实施行政执法的具体事项,由市人民政府确定。

城市管理综合执法部门实施行政处罚,纠正违法行为,应当坚持处罚与教育相结合,教育公民、法人或者其他组织自觉守法。

第七条 市和区人民政府应当将市容环境卫生事业纳入国民经济和社会发展规划,完善市容环境卫生设施布局建设,推进市容环境卫生综合治理,依法保障市容环境卫生工作所需经费,提升市容环境卫生公共服务水平和能力。

第八条 本市加强市容环境卫生标准化体系建设,按照科学规范、系统完备、结构优化、层次合理、协调配

套的要求,编制覆盖市容环境卫生全领域的标准、技术
规范、导则、定额等,形成适应精细化管理要求、满足高
品质生活需求、彰显上海城乡特色的高水平市容环境卫
生标准化体系。

第九条 本市推动市容环境卫生管理数字化转型,
依托"一网通办""一网统管"平台,与公安、住房城乡建
设管理、交通、水务、房屋管理、城管执法等部门共享市
容环境卫生领域相关行政许可、行政处罚等信息,利用
智能技术和网格化管理等方式,实现集感知、分析、处
置、执法、服务为一体的智慧管理。

第十条 本市举办重大活动以及重大节日期间,市
绿化市容部门应当会同有关部门以及相关区人民政府
制定市容环境卫生服务保障专项方案并组织实施。

第十一条 市、区绿化市容部门应当加强与城市管
理综合执法部门的执法协作。绿化市容部门在日常管
理中发现违反市容环境卫生管理规定的行为时,应当及
时将线索移送城市管理综合执法部门;城市管理综合执
法部门应当将处理结果通报绿化市容部门。

城市管理综合执法部门查处违反市容环境卫生管
理规定的违法行为时,需要绿化市容部门提供协助的,
绿化市容部门应当予以配合。

第十二条 市、区绿化市容部门应当编制市容环境

卫生行业应对突发事件应急预案,建立健全突发事件应急处置机制,并组织演练。

市容环境卫生行业应对突发事件应急预案应当结合市容环境卫生专业领域的特点,明确突发事件种类与级别、组织指挥体系与职责、预防预警机制、处置程序、保障措施、人员防护、物资装备与调用等内容。

第十三条 本市鼓励、支持市容环境卫生科学技术研究,推广、运用绿色、环保、节能、低碳、高效的市容环境卫生新技术、新工艺、新装备、新材料、新能源。

第十四条 市、区人民政府应当完善市容环境卫生管理责任考核制度。

市绿化市容部门采用专业考核和社会测评、定量考核和定性评判、日常考核和集中评价相结合等方式对区绿化市容部门的工作进行考核。

市绿化市容部门应当会同有关部门健全市容环境卫生监督检查制度,通过抽查、专项监督检查、联合监督检查等方式加强对市容环境卫生的监督管理。

第十五条 单位和个人应当自觉维护市容环境卫生;对违反市容环境卫生管理规定的行为,有权予以劝阻和向有关部门投诉、举报。

第二章 市 容 管 理

第十六条 本市通过提高城乡容貌标准,规范影响城乡容貌的行为,完善建(构)筑物外立面、景观照明、户外设施管理,塑造城乡特色风貌,优化公共空间品质,打造美好人居环境。

第十七条 市绿化市容部门应当会同有关部门,按照高标准引领的要求,并结合本市城乡一体化发展需要和人文特色,制定本市城乡容貌标准,报市人民政府批准后组织实施。

本市城乡容貌标准应当包括建(构)筑物、居住街区、村宅院落、道路与水域、公共场所、公共设施、城市绿化、广告招牌设施、照明设施、历史风貌区与保护建筑等方面的景观风貌要求。

第十八条 市绿化市容部门应当会同有关部门,根据城乡容貌标准,制定城乡容貌提升行动计划。

城乡容貌提升行动计划应当聚焦美丽街区建设、城市表情塑造、村庄公共环境改善、乡村景观美化,着力加强城中村、老旧小区等市容环境卫生综合整治,彰显城乡容貌特色。

区人民政府应当根据行动计划编制行动方案,并组织相关部门以及街道办事处、乡镇人民政府实施。

第十九条 建(构)筑物和其他设施应当保持整洁、完好、美观,并与周围环境相协调。本市主要道路两侧和景观区域内的建(构)筑物的外立面,以及其他区域内的公共建筑物、居住区房屋的外立面,由建(构)筑物的所有权人或者管理使用人按照有关规定进行清洗或者粉刷;外立面破损的,应当及时修复。

本市道路两侧新建的建筑物临街一侧,按照规划要求有序推进选用透景、半透景的围墙、栅栏或者绿篱、花坛(池)、草坪等作为分界。现有围墙不符合要求的,按照有关规定逐步予以改建;文物保护单位、优秀历史建筑等有特定保护要求的除外。

本市鼓励单位通过围墙拆除、打开以及形态调整等方式,将其附属绿地及相关空间开放共享。

主要道路和景观区域的范围,由市绿化市容部门会同有关部门确定后报市人民政府批准,并向社会公布。

第二十条 单位和个人不得在树木和建(构)筑物或者其他设施上张贴、悬挂宣传品。因特殊情况需要在建(构)筑物或者其他设施上临时张贴、悬挂宣传品的,应当经区绿化市容部门批准,按照批准的时间和范围张贴或者悬挂,并在期满后及时清除。街道办事处和乡镇人民政府应当选择适当地点设置公共招贴栏,并负责日常管理。

禁止单位和个人在树木和建(构)筑物或者其他设施上刻画、涂写。

禁止单位和个人在主要道路、景观区域、商业集中区域、交通集散点、轨道交通站点以及市绿化市容部门确定的其他公共场所散发商业性宣传品。

区绿化市容部门以及街道办事处、乡镇人民政府发现本辖区内有乱张贴、乱悬挂、乱刻画、乱涂写、乱散发行为,行为人未能及时清除或者难以发现行为人的,应当组织清除。

违反第一款、第二款、第三款规定的,由城市管理综合执法部门责令改正或者责令清除,可以处警告、一百元以上一千元以下罚款。其中,对以张贴、悬挂、刻画、涂写、散发等形式组织发布宣传品的单位和个人,可以处一万元以上十万元以下罚款。

对违反规定随意张贴、悬挂、刻画、涂写或者散发宣传品,在其中公布通信工具号码的,由城市管理综合执法部门通知通信工具号码使用人限期接受处理;逾期不接受处理的,书面通知通信管理部门暂停其通信工具号码使用。通信管理部门应当在接到书面通知后,及时通知相关电信业务经营企业暂停其通信工具号码使用。

第二十一条 单位和个人不得擅自占用道路、桥梁、人行天桥、地下通道及其他公共场所设摊经营、兜售物品以及堆放物品,影响市容环境卫生。

本市道路两侧和广场周围建(构)筑物内的经营者不得擅自超出门窗和外墙经营。

违反第一款、第二款规定的,由城市管理综合执法部门责令改正,可以处一百元以上一千元以下罚款。对设摊经营、兜售物品的,可以暂扣设摊经营、兜售的物品和与违法行为有关的工具。

区人民政府会同市有关部门根据需要,综合考虑市容环境卫生、交通安全、公共安全、消费需求等因素,可以划定一定的公共区域用于从事经营活动。区人民政府应当组织制定具体方案,明确允许设摊经营、超出门窗和外墙经营等经营活动的区域范围、时段、业态以及市容环境卫生责任主体及管理要求等,并向社会公布。

乡镇人民政府结合本辖区农业资源条件、农产品品种特点等实际情况,可以在农村地区划定一定的公共区域,供农村村民以及家庭农场、农民合作社等经营主体销售自产的农副产品。农村村民以及各经营主体应当遵守公共区域内的市容环境卫生要求。

第二十二条 禁止在道路及其他公共场所吊挂、晾晒物品,或者利用道路及其他公共场所的树木和护栏、路牌、电线杆等设施吊挂、晾晒物品。违反规定的,由城市管理综合执法部门责令改正,可以处警告,并可以对个人处五十元以上二百元以下罚款,对单位处一百元以上一千元以下罚款。

主要道路两侧和景观区域临街、临河建筑物的阳台、门窗、屋顶应当保持整洁、美观,不得在阳台外、门窗外、屋顶吊挂、晾晒和堆放影响市容的物品。

第二十三条 在本市行驶的机动车辆、船舶应当保持容貌整洁。道路、水路运输企业应当建立机动车辆、船舶清洗保洁责任制度。未保持车辆、船舶容貌整洁的,由城市管理综合执法部门责令改正,可以处一百元以上一千元以下罚款。

第二十四条 设置景观照明以及户外广告设施、户外招牌等户外设施,应当与区域功能相适应,与街区历史风貌和人文特色相融合,与周边景观和市容环境相协调。

第二十五条 市绿化市容部门应当会同有关部门编制景观照明规划,报市人民政府批准。景观照明规划应当划定景观照明设置的核心区域、重要区域、重要单体建(构)筑物以及禁设区域。

市、区绿化市容部门应当按照职责分工,会同有关部门编制核心区域、重要区域、重要单体建(构)筑物的规划实施方案,报同级人民政府批准。

禁止在景观照明规划划定的禁设区域设置景观照明。在核心区域、重要区域以及重要单体建(构)筑物上设置景观照明的,应当按照规划实施方案和技术规范设置。其他区域内设置景观照明的,应当符合技术规范要求。违反规定的,由城市管理综合执法部门责令改正或者责令拆除;拒不改正或者拆除的,处五千元以上五万元以下罚款。

第二十六条 在景观照明规划划定的核心区域、重要区域、重要单体建(构)筑物上设置的景观照明应当分别纳入市级、区级景观照明集中控制系统,对启闭时间、照明模式、整体效果等实行统一控制。景观照明未纳入集中控制系统的,由城市管理综合执法部门责令改正;拒不改正的,处一万元以上五万元以下罚款。

本市举办重大活动以及重大节日期间,区级景观照明集中控制应当遵守市级统一的景观照明集中控制要求。

第二十七条 景观照明的设置者应当保持景观照明的整洁、完好和正常运行。对存在安全隐患或者失去使用价值的景观照明,设置者应当及时整修或者拆除。违反规定的,由城市管理综合执法部门责令改正或者责令拆除;拒不改正或者拆除的,处五百元以上五千元以下罚款。

第二十八条 市绿化市容部门应当会同有关部门编制户外广告设施设置规划,报市人民政府批准。户外广告设施设置规划应当划定户外广告设施设置的禁设区、展示区和控制区。

区绿化市容部门应当编制本辖区户外广告设施设置实施方案,并经市绿化市容部门会同市规划资源、市场监管等部门批准。

第二十九条 户外广告设施设置应当符合户外广告设施设置规划、实施方案和技术规范的要求。违反规定的,由城市管理综合执法部门责令改正或者责令拆除,对违反设置规划和实施方案的,处五千元以上五万元以下罚款,对不符合技术规范的,处一千元以上一万元以下罚款。

按照国家和本市有关规定确定的大型户外广告设施以及其他因结构、体量、位置等因素可能影响公共安全的户外广告设施,应当经市或者区绿化市容部门批准后设置。因举办重大活动需要设置临时性户外广告设施的,设置者应当根据技术规范制定设置方案,并报市或者区绿化市容部门批准,设置期限不得超过三十日。未经批准设置的,由城市管理综合执法部门责令拆除,并处一万元以上十万元以下罚款。

设置前款以外的户外广告设施的,设置者应当在设置前向区绿化市容部门办理备案手续。未办理备案手续的,由城市管理综合执法部门责令改正;拒不改正的,处一千元以上三千元以下罚款。

设置新型户外广告设施的,还应当由市绿化市容部门会同有关部门组织进行技术论证,技术论证通过后依法办理相关手续。

单位和个人不得为违反户外广告设施设置规划、实施方案要求的户外广告设施提供设置载体。违反规定的,由城市管理综合执法部门责令改正,拒不改正的,处三千元以上三万元以下罚款。

第三十条 利用车辆、船舶、飞艇、无人驾驶自由气球、无人机等可移动的载体设置流动户外广告的,应当符合国家和本市流动户外广告设置有关规定和技术规范,并遵守道路、水上和航空交通管理规定。设置新型流动户外广告的,应当经市绿化市容部门会同有关部门组织进行技术论证,并根据论证结果予以设置。违反流动户外广告设置有关规定的,由城市管理综合执法部门、交通部门按照各自职责责令改正,处五千元以上五万元以下罚款;不符合流动户外广告设置技术规范的,由城市管理综合执法部门、交通部门按照各自职责责令改正,处一千元以上一万元以下罚款。

第三十一条 户外招牌设置应当符合户外招牌技术规范和设置导则的要求。违反规定的,由城市管理综合执法部门责令改正或者责令拆除;拒不改正或者拆除的,处一千元以上一万元以下罚款。

区绿化市容部门应当会同有关部门编制本辖区

要道路沿线和景观区域、历史风貌区等重点区域内以及文物保护单位、优秀历史建筑等重要建(构)筑物上的户外招牌设置导则。户外招牌设置导则应当体现区域环境、建筑风格以及业态特点,为设置者展现个性和创意提供空间,避免样式、色彩、字体等同质化。

在历史文化风貌区或者风貌保护街坊内、风貌保护道路或者风貌保护河道沿线、文物保护单位或者优秀历史建筑上设置户外招牌的,或者因结构、体量、位置等因素设置户外招牌可能影响公共安全的,应当经区绿化市容部门批准后设置。未经批准设置的,由城市管理综合执法部门责令改正;拒不改正的,由城市管理综合执法部门责令拆除,处一千元以上一万元以下罚款。

设置前款以外的户外招牌的,设置者应当在设置前向街道办事处或者乡镇人民政府办理备案手续。市、区绿化市容部门应当建立相应工作机制,完善相关智能化管理信息系统,为街道办事处、乡镇人民政府依法履行户外招牌设置的管理和服务职能创造条件、提供指导和支持。设置户外招牌未办理备案手续的,由城市管理综合执法部门责令改正;拒不改正的,处三百元以上一千元以下罚款。

第三十二条 户外广告设施、户外招牌等户外设施的设置者,应当加强日常管理,对户外设施进行维护保养;图案、文字、灯光显示不全或者破损、缺失、污浊、腐蚀、陈旧的,应当及时修复或者更换。未及时修复或者更换的,由城市管理综合执法部门责令改正;拒不改正的,处五百元以上五千元以下罚款。

对于存在安全隐患或者失去使用价值的户外设施,设置者应当及时整修或者拆除。违反规定的,由城市管理综合执法部门责令改正或者责令拆除;拒不改正或者拆除的,处一千元以上一万元以下罚款。

台风、暴雨、暴雪、雷电等灾害性天气警报和气象灾害预警信号发布后,设置者应当加强对户外设施的安全检查,采取相应的安全防范措施,消除安全隐患。

经批准设置的户外广告设施和户外招牌,设置者应当按照规定进行安全检测。违反规定的,由城市管理综合执法部门责令改正;拒不改正的,处一千元以上一万元以下罚款。

市、区绿化市容部门以及街道办事处、乡镇人民政府应当加强户外设施安全监管工作,可以通过政府采购方式,委托专业检测单位对户外设施进行安全抽检;必要时,可以组织实施户外设施的集中安全检查和整治。

第三十三条 户外广告设施、户外招牌等户外设施所在建(构)筑物等载体的所有权人与设置者不一致的,所有权人应当督促设置者依法设置、维护管理户外设施。

户外广告设施设置期满或者因搬迁、退租等原因不再需要户外招牌的,设置者应当拆除。设置者未及时拆除的,户外设施载体所有权人应当予以拆除。

第三十四条 市、区绿化市容部门以及街道办事处、乡镇人民政府可以通过政府采购等方式,组织开展相关市容保障服务工作。市容保障服务规范由市绿化市容部门会同有关部门制定。

第三章 环境卫生管理

第三十五条 本市通过制定环境卫生设施专项规划、建设配套环境卫生设施、优化环卫作业服务规范、完善垃圾综合治理,提升环境卫生品质,营造整洁有序的城乡环境。

第三十六条 市绿化市容部门应当编制环境卫生设施专项规划,明确生活垃圾处理设施、建筑垃圾处理设施、公共厕所、环境卫生作业服务人员作息场所、闭环管理场所、环境卫生作业车辆停车场、水域保洁码头等环境卫生设施的相关内容,并依法纳入相应的国土空间规划。

市、区绿化市容部门应当根据环境卫生设施专项规划,制定年度建设计划并组织实施。

第三十七条 配套环境卫生设施应当按照国家和本市环境卫生设施设置有关规定和标准建设,并与主体工程同时设计、同时施工、同时投入使用。规划资源部门在审核设计方案时,应当征询绿化市容部门的意见。

第三十八条 公共厕所应当按照环境卫生设施设置标准,结合区域特点、人流聚集等情况合理布局。农贸市场、轨道交通站点、旅游景点等场所应当按照规定配置公共厕所。

新建、改建公共厕所的,应当按照规定设置无障碍厕间,优化男女厕位配置比例,加强适老化适幼化设施、设备配备。大型商场、文化体育场馆、旅游景点、公园等人流密集场所新建、改建公共厕所的,应当设置第三卫生间。鼓励农村地区建设生态型公共厕所。

公共厕所应当免费对外开放,具备条件的政府投资建设的公共厕所实行二十四小时开放。鼓励沿街单位厕所向公众开放,开放情况可以作为单位履行社会责任的内容,纳入相应的评价体系。

公共厕所应当保持整洁。农贸市场、轨道交通站点、旅游景点等场所的经营、管理单位应当根据场所实际情况,增加公共厕所保洁频次,落实管理责任。

第三十九条 环境卫生设施的管理和使用单位应当做好环境卫生设施的维护、保养工作,保持其正常运行。

单位和个人不得占用、损毁环境卫生设施。违反规定的,由城市管理综合执法部门责令改正,处一千元以上一万元以下罚款。

禁止擅自关闭、闲置、拆除环境卫生设施。确有必要关闭、闲置或者拆除生活垃圾处理设施的,应当经绿化市容部门商生态环境部门同意后核准,并采取防止污染环境的措施;确有必要关闭、闲置或者拆除其他环境卫生设施的,应当经绿化市容部门批准。关闭、闲置、拆除环境卫生设施的,应当听取所在地街道办事处、乡镇人民政府的意见。擅自关闭、闲置、拆除环境卫生设施的,由城市管理综合执法部门责令改正,对擅自关闭、闲置、拆除生活垃圾处理设施的,处十万元以上一百万元以下罚款,对擅自关闭、闲置、拆除其他环境卫生设施的,处一万元以上十万元以下罚款。

第四十条 本市道路、水域和公共场所,根据所在地功能区特性以及交通流量等因素,实行分等级清扫保洁;清扫保洁的等级和具体范围由市绿化市容部门会同有关部门确定。

本市根据城市发展需要,逐步提高道路、水域和公共场所的清扫保洁质量要求。道路、公共场所的清扫保洁,应当实现无各类废弃物、宠物粪便和污水。

绿化市容、水务部门以及街道办事处、乡镇人民政府应当加强支路、街巷里弄内通道、村内通道清扫保洁质量以及乡镇管理水域保洁质量的监督。

第四十一条 财政性资金支付的道路、水域和公共场所的清扫、保洁,以及生活垃圾和粪便的收集、运输等环境卫生作业服务,由市、区绿化市容部门以及街道办事处、乡镇人民政府通过政府采购方式确定的环境卫生作业服务单位承担。

环境卫生作业服务单位不得将作业服务项目交由第三方承接。

第四十二条 环境卫生作业服务单位应当按照环境卫生作业服务规范进行清扫、保洁。道路、水域和公共场所的清扫、保洁,应当按照规定的质量、作业方式、频率、时间进行,减少对交通、生活等秩序的影响。未按照环境卫生作业服务规范进行清扫、保洁的,由城市管理综合执法部门责令改正,处一千元以上一万元以下罚款。

市、区绿化市容部门以及街道办事处、乡镇人民政府应当通过定期组织作业服务质量评议等方式,加强对作业服务质量的监督、检查。

第四十三条 市、区绿化市容部门应当加强环境卫生作业设施设备保障,推广使用新能源作业车辆,推动

环境卫生作业服务单位提升作业服务的机械化、智能化水平。

第四十四条 船舶应当按照标准,设置与生活垃圾、生活污水、含油污水产生量相适应的收集容器,并保持正常使用。

船舶进行装卸作业或者水上航行的,应当采取措施,防止生活垃圾、生活污水、含油污水污染水域。

第四十五条 运输水泥、砂石、垃圾等的车辆、船舶应当采取密闭、包扎、覆盖等措施,防止泄漏、遗撒。违反规定的,由城市管理综合执法部门责令改正,可以处警告,并可以处二千元以上二万元以下罚款。

第四十六条 从事机动车清洗服务的单位应当在取得营业执照后的十日内,向区绿化市容部门办理备案手续。机动车清洗服务单位应当按照技术规范,配备与经营规模相适应的场所、设施设备。未办理备案手续的,由城市管理综合执法部门责令改正;拒不改正的,处一千元以上三千元以下罚款。

清洗机动车所产生的油污、淤泥、污水及其他污物,应当按照环境保护、排水、环境卫生的有关规定处理,不得任意排放、堆放和倾倒。

禁止占用道路、广场从事机动车清洗服务。违反规定的,由城市管理综合执法部门责令改正,处一千元以上一万元以下罚款。

市绿化市容部门应当会同有关部门组织制定技术规范,明确从事机动车清洗服务所需的环境卫生设施设备、场所以及节水等要求。

第四十七条 本市农村以外地区,不得饲养家禽家畜。因教学、科研以及其他特殊需要饲养的除外。违反规定的,由城市管理综合执法部门责令限期处理或者予以没收,可以处五十元以上五百元以下罚款。

饲养宠物不得影响环境卫生。对宠物在道路和其他公共场所产生的粪便,饲养人或者管理人应当即时清除。未及时清除宠物粪便的,由城市管理综合执法部门责令改正;拒不改正的,处二十元以上二百元以下罚款。

饲养信鸽应当符合体育管理部门的有关规定,具备相应的条件,并采取措施防止影响周围环境卫生。饲养信鸽影响环境卫生的,由城市管理综合执法部门责令改正;拒不改正的,处一百元以上一千元以下罚款。

第四十八条 本市生活垃圾的源头减量、投放、收集、运输、处置、资源化利用等活动应当遵守国家和本市生活垃圾管理法律、法规的规定。

生活垃圾分类投放管理责任人应当保持生活垃圾分类收集容器、投放点、交付点周边环境整洁。违反规定的,由城市管理综合执法部门责令改正;拒不改正的,处一百元以上一千元以下罚款。

第四十九条 本市按照减量化、资源化、无害化的原则,对建筑垃圾进行分类收集、运输、中转、分拣、处置,促进建筑垃圾源头减量、回收利用,扩大建筑垃圾资源化利用产品渠道。建筑垃圾分为建设工程垃圾和装修垃圾。

第五十条 工程施工单位施工中产生的建设工程垃圾应当堆放在固定地点,并及时清运。

工程施工单位应当编制建设工程垃圾处理方案,采取污染防治措施,并报工程所在地的区绿化市容部门备案,取得建筑垃圾处置证,委托取得建设工程垃圾运输许可证的单位运输。未取得建筑垃圾处置证或者委托未取得建设工程垃圾运输许可证的单位运输建设工程垃圾的,由城市管理综合执法部门责令改正,并处一万元以上十万元以下罚款。

承运建设工程垃圾的单位,应当取得市绿化市容部门核发的建设工程垃圾运输许可证;运输单位不得承运未取得建筑垃圾处置证的工程施工单位产生的建设工程垃圾。违反规定的,由城市管理综合执法部门责令改正,处五千元以上五万元以下罚款,并可以依法暂扣违法当事人的运输工具。

运输建设工程垃圾的车辆、船舶应当统一标识,统

一安装、使用电子信息装置,随车辆、船舶携带建筑垃圾
处置证。违反规定的,由城市管理综合执法部门责令改
正,处五百元以上五千元以下罚款。

运输建设工程垃圾的车辆、船舶应当按照交通、公
安以及海事部门规定的区域、时间行驶,不得超载运输
建设工程垃圾。

禁止擅自倾倒、抛撒、堆放、处置建设工程垃圾。违
反规定的,由城市管理综合执法部门责令改正,对单位
处十万元以上一百万元以下罚款,对个人处五千元以上
五万元以下罚款。

违反本条或者第四十五条规定的,对情节严重的运
输单位,由市城管执法部门吊销其建设工程垃圾运输许
可证。

建设工程垃圾中的建筑废弃混凝土,按照本市有关
规定进行回收和资源化利用。具体办法由市住房城乡
建设管理部门会同市绿化市容部门另行制定。

第五十一条 装修垃圾的产生单位和个人应当按
照规定将装修垃圾投放至装修垃圾堆放场所或者收集
容器。违反规定的,由城市管理综合执法部门责令改
正,对个人处一百元以上一千元以下罚款,对单位处五
百元以上五千元以下罚款。

物业服务企业等装修垃圾投放管理责任人应当对

装修垃圾堆放场所进行覆盖、遮挡或者密闭,保持环境整洁,违反规定的,由城市管理综合执法部门责令改正;拒不改正的,处一百元以上一千元以下罚款。

装修垃圾应当由符合规定的市容环境卫生作业服务单位负责收运,物业服务企业等装修垃圾投放管理责任人应当将装修垃圾交由其收运。禁止擅自倾倒、抛撒装修垃圾。违反规定的,由城市管理综合执法部门责令改正,处一千元以上一万元以下罚款。

装修垃圾清运费由装修垃圾产生者承担。装修垃圾处置实行收费制度,收费标准依据国家有关规定执行。

第五十二条 禁止下列影响环境卫生的行为:

(一)随地吐痰、便溺;

(二)乱扔果皮、纸屑、烟蒂、饮料罐、口香糖、口罩等废弃物;

(三)乱倒污水、粪便,乱扔家禽家畜、宠物等动物尸体;

(四)法律、法规规定的有损环境卫生的其他禁止行为。

违反前款规定的,由城市管理综合执法部门责令改正,可以处警告、罚款。其中,违反前款第一项、第二项规定的,可以处五十元以上二百元以下罚款;违反前款第三项规定的,对个人可以处五十元以上二百元以下罚款,对单位可以处五千元以上五万元以下罚款。

第五十三条 传染病等重大公共卫生事件发生后,公园绿地、公共厕所、垃圾收集设施、垃圾堆放场所的经营、管理单位应当按照有关规定开展消毒等工作。

第五十四条 因突发事件造成生活垃圾、装修垃圾无法及时运输、处置的,市绿化市容部门可以对区域内生活垃圾、装修垃圾投放、驳运、收集、运输、处置方式及时间、场所等作出临时调整。

生活垃圾分类投放管理责任人应当按照调整的要求,及时收集、驳运生活垃圾;区绿化市容、房屋管理等部门应当按照职责加强指导、督促和协调。因特殊原因,生活垃圾分类投放管理责任人无法履责的,街道办事处、乡镇人民政府应当组织做好生活垃圾收集、驳运工作。

对于生活垃圾、装修垃圾以外的其他废弃物,需要协同处置的,有关部门应当会同绿化市容部门制定协同处置方案,确保环境卫生设施正常运转和其他废弃物的及时处理。

第五十五条 突发事件发生后,区人民政府应当根据突发事件相关应急预案,落实解决环境卫生作业服务人员临时居住和作业条件保障以及其他有关问题,避免对环境卫生正常维护造成重大影响。

第四章　社会共治

第五十六条　本市建立健全市容环境卫生公众全过程参与机制,依法保障公众在市容环境卫生工作中的知情权、参与权、表达权和监督权。

市、区绿化市容部门以及街道办事处、乡镇人民政府在制定规划、标准、技术规范、导则以及有关管理方案等工作中,应当听取相关单位、个人以及其他社会公众的意见。

第五十七条　绿化市容部门和教育、卫生健康、商务、交通、文化旅游等部门,以及机场、车站、码头、旅游景点、公园绿地等公共场所的经营、管理单位,应当加强市容环境卫生的宣传教育,增强公众维护市容环境卫生的意识。

本市广播、电视、报刊、网络以及公共场所的宣传媒介应当有市容环境卫生方面的公益性宣传内容。

第五十八条　绿化市容部门应当主动公开市容环境卫生公共服务信息,向公众提供景观照明启闭时间、景观区域范围、公共厕所位置等信息,为公众生活提供便利。

第五十九条　本市实行市容环境卫生责任区制度。责任区范围一般指有关单位和个人所有、使用或者管理的建(构)筑物或者其他设施、场所外侧一定区域。具体

范围由市或者区绿化市容部门,按照市绿化市容部门公布的标准划分确定。市容环境卫生责任区的责任人按照下列规定确定:

(一)实行物业管理的居住区,由业主委托的物业服务企业或者其他管理人负责;未实行物业管理的居住区,由居民委员会、村民委员会负责。

(二)河道的沿岸水域,由岸线使用或者管理单位负责;水闸以及栈桥、亲水平台等设施占用的水域,由相关设施的使用或者管理单位负责;码头及其附属设施、停靠船舶占用的水域,由码头的经营、管理单位负责。

(三)轨道交通、隧道、高架道路、公路、铁路,由经营、管理单位负责。

(四)文化、体育、娱乐、游览、公园绿地、机场、车站等公共场所,由经营、管理单位负责。

(五)农贸市场、会展场馆、商场、超市、餐饮、宾馆、沿街商户等场所,由经营、管理单位、个人负责。

(六)机关、团体、学校、部队、企事业等单位周边区域,由相关单位负责。

(七)施工工地由工程施工单位负责,待建地块由建设单位负责。

(八)保税区、经济开发区、工业园区、高新技术产业园区内的公共区域,由管理单位负责。

按照前款规定责任不清的地区，由所在地的区绿化市容部门会同街道办事处、乡镇人民政府确定责任人。

区际接壤地区管理责任不清的，以及对责任人的确定存在争议的，由市绿化市容部门予以确定。

第六十条 市容环境卫生责任区的责任要求是：

（一）保持市容整洁，无乱设摊、乱搭建、乱张贴、乱涂写、乱刻画、乱吊挂、乱堆放、乱停非机动车，无影响通行的积雪残冰；

（二）保持环境卫生整洁，陆域无暴露垃圾、粪便、污水、污迹，水域无漂浮垃圾。

市容环境卫生责任人对责任区内违反市容环境卫生管理规定的行为，应当予以劝阻、制止；劝阻、制止无效的，向绿化市容部门或者城市管理综合执法部门报告。

责任人未履行责任要求的，由城市管理综合执法部门责令改正，可以处警告、一百元以上一千元以下罚款。

区绿化市容部门应当制作责任告知书，明确市容环境卫生责任区的具体范围和责任要求，由街道办事处、乡镇人民政府向本辖区内的责任人发放。

第六十一条 邮政、供水、供电、电信、交通等公共设施的市容环境卫生，由其产权单位负责。

第六十二条 本市鼓励通过各种方式实行市容环境卫生自我管理。

本市市容环境卫生有关行业协会应当制定行业自律规范,开展行业培训和评价,共同推进市容环境卫生管理工作。

本市提倡和鼓励居民委员会、村民委员会组织居民、村民制定维护市容环境卫生的公约,动员居民、村民积极参加市容环境卫生治理活动,创建整洁、优美、文明的环境。

第六十三条 市、区绿化市容部门应当建立市容环境质量评价体系,对本市市容环境质量进行评价。市容环境质量评价体系应当合理设定评价内容和标准,将市民满意度作为重要评价指标。评价结果应当向社会公布。

市、区绿化市容部门应当建立市民巡访制度,邀请市民代表对市容环境卫生进行巡查、评议。

第六十四条 绿化市容部门应当会同有关部门建立市容环境卫生信用管理制度,按照国家和本市规定,将单位和个人的相关信用信息归集到本市公共信用信息服务平台,并依法采取守信激励和失信惩戒措施。

第六十五条 本市文明城区、文明社区、文明小区、文明村镇、文明单位、文明校园等群众性精神文明创建活动和卫生单位、健康社区(村)等卫生健康创建活动,应当将市容环境卫生管理相关情况纳入创建标准。

第六十六条 本市鼓励、支持单位和个人参与爱国卫生月等群众性活动,支持志愿服务组织和志愿者依法参与市容环境卫生管理相关的宣传动员、示范引导、评估评议、市容维护以及环境清洁等工作,共同改善环境卫生。

本市鼓励社会单位采用爱心接力站等多种方式,为环境卫生作业服务人员提供休息、饮水等服务。

第五章 附 则

第六十七条 违反本条例规定的行为,法律、法规已有处理规定的,从其规定。

违反本条例有关景观照明、户外广告设施、户外招牌管理等规定,符合代履行等强制执行情形的,由城市管理综合执法部门按照《中华人民共和国行政强制法》《中华人民共和国城乡规划法》等法律、行政法规处理。

违反本条例规定,当事人有违法所得,除依法应当退赔的外,应当按照《中华人民共和国行政处罚法》规定予以没收。

对违反本条例规定的轻微违法等行为,符合《中华人民共和国行政处罚法》规定情形的,依法不予行政处罚。依法不予行政处罚的,应当对当事人进行教育。市城管执法部门应当会同市绿化市容部门根据管理现状、执法实际,制定轻微违法行为依法不予行政处罚清单。

第六十八条 本条例自 2022 年 12 月 1 日起施行。

3. 上海市环境保护条例

(1994 年 12 月 8 日上海市第十届人民代表大会常务委员会第十四次会议通过　根据 1997 年 5 月 27 日上海市第十届人民代表大会常务委员会第三十六次会议《关于修改〈上海市环境保护条例〉的决定》第一次修正　2005 年 10 月 28 日上海市第十二届人民代表大会常务委员会第二十三次会议第一次修订　根据 2011 年 12 月 22 日上海市第十三届人民代表大会常务委员会第三十一次会议《关于修改本市部分地方性法规的决定》第二次修正　根据 2015 年 6 月 18 日上海市第十四届人民代表大会常务委员会第二十一次会议《关于修改〈上海市环境保护条例〉等 8 件地方性法规的决定》第三次修正　2016 年 7 月 29 日上海市第十四届人民代表大会常务委员会第三十一次会议第二次修订　根据 2017 年 12 月 28 日上海市第十四届人民代表大会常务委员会第四十二次会议《关于修改本市部分地方性法规的决定》第四次修正　根据 2018 年 12 月 20 日上海市第十五届人民代表大会常务委员会第八次会议《关于修改本市部分地方性法规的决定》第五次修正　根据 2021 年 11 月 25 日上海市第十五届人民代表大会常务

委员会第三十七次会议《关于修改〈上海市献血条例〉等4件地方性法规的决定》第六次修正 根据 2022 年 7 月 21 日上海市第十五届人民代表大会常务委员会第四十二次会议《关于修改〈上海市环境保护条例〉的决定》第七次修正）

第一章 总 则

第一条 为保护和改善环境,防治污染,保障公众健康,推进生态文明建设,促进绿色发展和绿色生活,根据《中华人民共和国环境保护法》和其他有关法律、行政法规,结合本市实际情况,制定本条例。

第二条 本条例适用于本市行政区域内的环境保护及其相关的管理活动。

海洋环境的保护按照海洋环境保护相关的法律、法规执行。

第三条 本市建立健全生态文明建设领导机制,实行生态环境保护党政同责、一岗双责。

本市设立市、区生态文明建设领导小组,负责统筹协调生态文明建设和环境保护工作,加强环境治理体系和治理能力现代化建设;领导小组办公室设在同级生态环境行政主管部门,具体负责日常工作。

第四条 本市各级人民政府应当对本行政区域的

环境质量负责,推进本行政区域内的生态文明建设和环境保护工作,使经济社会发展与环境保护相协调。市和区人民政府应当制定环境保护目标和年度实施计划,组织推进环境基础设施建设,推进环境信息公开,持续改善本行政区域的环境质量。

市和区人民政府应当对本级人民政府有关行政管理部门和下一级人民政府的环境保护职责履行和目标完成情况进行督察。环境保护目标和任务的完成情况作为对本级人民政府有关行政管理部门及其负责人和下一级人民政府及其负责人考核的内容。督察和考核结果应当向社会公布。

本市按照国家规定实行领导干部自然资源资产离任审计制度。

各级人民政府应当每年向同级人民代表大会或者其常务委员会报告环境保护工作以及任期内的环境保护目标实现情况,对发生的重大环境事件应当及时向同级人民代表大会常务委员会报告,依法接受监督。

第五条 企业事业单位和其他生产经营者应当遵守环境保护相关法律、法规,防止、减少环境污染和生态破坏,依法主动公开环境信息,履行污染监测、报告等义务,对所造成的损害依法承担责任。

企业事业单位和其他生产经营者应当通过清洁生

产、绿色供应、资源循环利用等措施,转变生产经营方式,保护环境。

第六条　公民依法享有获取环境信息、参与和监督环境保护的权利,有权举报和监督环境违法行为,通过环境侵权诉讼等方式维护自身环境权益。

公民应当增强环境保护意识,践行绿色生活方式,主动保护环境。

第七条　市生态环境行政主管部门(以下简称市生态环境部门)对本市环境保护实施统一监督管理,加强环境规划、标准制定和执法工作。区生态环境行政主管部门(以下简称区生态环境部门)按照职责分工对本辖区的环境保护实施监督管理。

本市发展改革、经济信息化、交通、公安、住房城乡建设、规划资源、水务、农业农村、市场监管、绿化市容、城管执法、应急等相关行政管理部门,按照职责分工负责本领域、本行业的生态环境保护、污染防治和监督管理工作,并在相关规划、政策、计划制定和实施中落实绿色发展和环境保护要求。

第八条　乡镇人民政府和街道办事处应当在区生态环境等相关行政管理部门的指导下,对辖区内社区商业、生活活动中产生的大气、水、噪声、光等污染防治工作进行综合协调。

乡镇人民政府和街道办事处发现辖区内存在环境污染问题的,应当按照市人民政府确定的执法事项履行执法职责;不属于自身执法职责范围的,应当及时向区生态环境等有关行政管理部门报告。

对因前款规定的环境污染引发的纠纷,当事人可以向乡、镇人民政府或者街道办事处申请调解。

第九条 本市加强环境治理数字化建设,依托"一网通办""一网统管"平台,运用大数据、物联网、人工智能等现代信息技术,加强环境监管等信息的归集、共享和应用,提升环境治理智能化水平。

第十条 本市通过经济、金融、技术等措施,支持和推进环境保护科学技术研究、开发和应用,鼓励环境保护产业发展,加强环境保护信息化建设,促进环保技术应用信息的交互和共享,提高环境保护科学技术水平。

第十一条 各级人民政府及其有关部门应当加强环境保护宣传和普及工作,组织开展环境保护法律法规和环境保护知识宣传,提高市民的环境保护意识和知识水平,营造环境保护的良好氛围。

教育行政部门、学校应当将环境保护知识纳入学校教育内容,培养学生的环境保护意识。

报刊、电视、广播、网络等媒体应当开展环境保护法律法规和环境保护知识的宣传,对环境违法行为进行舆论监督。

第十二条 对保护和改善环境有显著成绩的单位和个人,按照国家和本市评比表彰有关规定,给予表彰、奖励。

第十三条 市人民政府应当根据国家有关规定,与相关省建立长三角重点区域、流域生态环境协同保护机制,定期协商区域内污染防治及生态保护的重大事项。

本市生态环境、发展改革、经济信息化、规划资源、住房城乡建设、交通、农业农村、公安、水务、气象等相关行政管理部门应当与周边省、市、县(区)相关行政管理部门建立沟通协调机制,采取措施,优化长三角区域产业结构和规划布局,协同推进机动车、船污染防治,完善水污染防治联动协作机制,强化环境资源信息共享及污染预警应急联动,协调跨界污染纠纷,实现区域经济、社会和环境协调发展。

第二章 规划、区划和标准

第十四条 市生态环境部门应当会同本市有关行政管理部门组织编制市环境保护规划和相关环境保护专项规划,报市人民政府批准。

区生态环境部门应当根据市环境保护规划和相关环境保护专项规划,结合本区实际,会同有关行政管理部门编制区环境保护规划,报区人民政府批准;区人民政府在批准前应当征求市生态环境部门的意见。

环境保护规划应当纳入市和区国民经济和社会发展规划、国土空间规划。

经批准后的环境保护规划和相关环境保护专项规划,由生态环境部门会同有关行政管理部门组织实施。

第十五条 市人民政府应当根据本行政区域的生态环境和资源利用状况,制定生态环境分区管控方案和生态环境准入清单,依法报国务院生态环境主管部门备案后实施。生态环境分区管控方案和生态环境准入清单应当与国土空间规划相衔接。

第十六条 市生态环境部门应当会同有关行政管理部门,根据国土空间规划和国家环境质量标准,编制本市地表水环境功能区划、大气环境质量功能区划、声环境功能区划,报市人民政府批准后公布实施。

第十七条 本市发展改革、规划资源和其他有关行政管理部门编制土地利用、区域开发建设等规划以及进行城市布局、产业结构调整时,应当符合环境功能区划的要求。

各级人民政府及其有关行政管理部门在组织区域开发建设时,应当符合环境功能区划的要求。凡不符合环境功能区划的建设项目,不得批准建设。

对环境质量达不到环境功能区划要求的地区以及环境污染严重、环境违法情况突出的地区,区人民政府应当采取产业结构调整、区域生态整治等方式实施综合治理,市住房城乡建设、生态环境、规划资源等行政管理部门应当予以指导。

第十八条 市和区人民政府在组织编制全市和各区国土空间规划时,应当根据本行政区域生态环境状况,在饮用水水源保护区、自然保护区、野生动物重要栖息地和重要的湿地等重点生态功能区、生态环境敏感区和脆弱区等区域划定生态保护红线,建立生态保护红线制度,实施分类分级管控和严格保护。

本市相关控制性详细规划的编制,应当符合生态保护红线的控制要求。

第十九条 市住房城乡建设、绿化市容等行政管理部门在组织编制道路照明、景观照明等城市照明相关规划时,应当根据本市经济社会发展水平以及生态环境保护、交通安全和提升城市品质等需要,明确分区域亮度管理措施,对不同区域的照明效果和光辐射控制提出要求。

第二十条 市人民政府可以根据本市实际,对国家环境质量标准和国家污染物排放标准中未作规定的项目,制定地方标准;对国家已作规定的项目,可以制定严于国家的地方标准。

第三章　绿　色　发　展

第二十一条　本市将碳达峰、碳中和工作纳入经济社会发展全局,推动经济社会发展全面绿色转型,加快形成节约资源和保护环境的产业结构、生产方式、生活方式、空间格局,实现生态优先、绿色低碳的高质量发展。

第二十二条　本市提倡绿色发展和绿色生活。

市发展改革、生态环境等有关行政管理部门应当制定绿色发展和绿色生活行动指南,指导单位和个人在生产和生活中节约资源、减少污染,推动建立有利于环境保护的生产和生活方式。

第二十三条　本市根据国家规定建立、健全生态保护补偿制度。

对本市生态保护地区,市或者区人民政府应当通过财政转移支付等方式给予经济补偿。市发展改革部门应当会同有关行政管理部门建立和完善生态补偿机制,确保补偿资金用于生态保护补偿。

受益地区和生态保护地区人民政府可以通过协商或者按照市场规则进行生态保护补偿。

第二十四条　本市相关行政管理部门在制定产业

政策时,应当充分考虑环境保护的需要,对环境影响情况进行分析和评价,并听取生态环境部门和相关专家的意见。

本市发展改革、经济信息化和规划资源行政管理部门应当推进产业结构调整和布局优化,推动清洁生产。

市经济信息化、发展改革、规划资源和生态环境等有关行政管理部门应当优化产业布局,逐步将排放污染物的产业项目安排在国土空间规划确定的产业园区内。

第二十五条 市经济信息化部门会同市发展改革等有关行政管理部门制定本市产业结构调整指导目录时,应当根据本市环境质量状况和重点污染物排放总量控制计划,将高污染、高能耗产业纳入淘汰类、限制类产业目录。

对列入淘汰类、限制类产业目录的排污单位,可以采取差别电价、限制生产经营或者停止生产经营等措施。其中,列入限制类产业目录的排污单位,应当按照生态环境部门和经济信息化部门的要求,实施清洁化改造。

第二十六条 本市鼓励企业对产品设计、原料采购、制造、销售、物流、回收和再利用等各个环节实施绿色改造,提升全产业链的污染预防和控制水平。

第二十七条 本市发展改革、住房城乡建设、规划资源等行政管理部门在城市建设过程中应当采取措施，推动绿色建设技术应用，推进绿色建筑发展和海绵城市建设。

本市住房城乡建设、绿化市容等行政管理部门应当依据城市照明相关规划和节能计划，完善城市照明智能控制网络，推广使用节能、环保的照明新技术、新产品，提高城市照明的绿色低碳水平。

第二十八条 市和区人民政府应当采取措施优先发展公共交通，建设公交专用道、非机动车道等交通设施，鼓励公众购买和使用清洁能源机动车。

本市倡导和鼓励公众选择公共交通、自行车等方式出行。

市交通、绿化市容、邮政等行政管理部门应当分别制定公共交通、环卫、邮政、物流等行业机动车、船清洁能源替代推进方案。国家机关、事业单位和国有企业应当率先使用清洁能源机动车、船。

第二十九条 国家机关、企业事业单位应当厉行节约，使用节约资源、节约能源的产品、设备和设施，推行电子化办公。市机关事务管理部门应当加强对国家机关和事业单位推进绿色办公的指导。

国家机关、事业单位采购办公用品时，在技术、服务等指标满足采购需求的前提下，应当优先采购保护环境的产品和再生产品。

第三十条 本市通过财政资金支持、政府优先采购等措施,鼓励企业提高资源、能源利用效率,开展资源循环利用,推动循环经济发展。

基层群众性自治组织、社会组织可以通过组织居民开展捐赠、义卖、置换等活动,推动居民闲置物品的再利用。

第三十一条 宾馆、商场、餐饮、沐浴等服务性企业应当采用有利于资源循环利用和环境保护的产品,采取环保提示、费用优惠、物品奖励以及不主动提供一次性用品等措施,引导消费者减少使用一次性用品,市文化旅游、商务行政管理部门应当加强监管。

第三十二条 禁止或者限制生产、销售和使用国家和本市明令禁止或者限制的一次性塑料制品。

本市鼓励和引导塑料制品绿色设计,推广应用可循环、易回收、可再生利用的替代产品,减少使用一次性塑料制品。

第四章 环境监督管理

第三十三条 本市实行重点污染物排放总量控制制度。

市生态环境部门应当根据国家核定的本市重点污

染物排放总量目标,结合本市环境容量以及经济、社会发展水平,拟定本市重点污染物排放总量控制计划,报市人民政府批准后组织实施。市生态环境部门可以根据本市环境保护的需要,制定国家未作规定的其他污染物的排放总量控制计划,报市人民政府批准后组织实施。

区生态环境部门应当根据本市重点污染物排放总量控制计划,结合本辖区实际情况,拟订本辖区重点污染物排放总量控制实施方案,经区人民政府批准后组织实施,并在批准后十五日内报市生态环境部门备案。

第三十四条 现有排污单位的重点污染物排放总量指标,由市或者区生态环境部门根据区域环境容量,按照公平合理、鼓励先进和兼顾历史排放情况等原则,综合考虑行业平均排放水平以及排污单位的减少污染物排放措施等因素确定。对未达到行业平均排放水平的排污单位,严格核定其排放总量指标。

新建、改建、扩建排放重点污染物的建设项目,排污单位应当在环境影响评价阶段向市或者区生态环境部门申请或者通过排污权交易,取得重点污染物排放总量指标。

排污单位应当遵守总量管理相关规定,污染物排放达到规定的总量指标限值的,应当停产。

本市推进企业减少污染物排放,对在污染物排放符合法定要求的基础上进一步减少污染物排放的排污单位,市和区人民政府应当依法采取财政、税收、价格、政府采购等方面的政策和措施予以鼓励和支持。

第三十五条 编制有关开发利用规划,应当依法进行环境影响评价。未依法进行环境影响评价的开发利用规划,审批部门不予审批。

市和区生态环境部门在审查规划环境影响评价时,应当综合考虑区域生态承载能力、行业排污总量等因素。

第三十六条 市生态环境部门可以根据国家建设项目环境影响评价名录,结合本市实际情况,制定本市建设项目环境影响评价补充名录,并向社会公开。列入国家和本市环境影响评价名录的建设项目,应当进行环境影响评价,并按照分类管理的规定报生态环境部门审批或者备案。

生态环境部门受理建设项目环境影响评价申请后,需要对环境影响评价文件进行技术评估的,可以委托相关机构进行技术评估。技术评估的时间最长不超过三十天,不计入审批期限。

已经完成环境影响评价的规划中包含的建设项目,其环境影响评价工作应当依照有关规定予以简化。

第三十七条 新建、改建、扩建建设项目,建设单位应当根据环境影响评价文件以及生态环境部门审批决定的要求建设环境保护设施、落实环境保护措施。环境保护设施应当与主体工程同时设计、同时施工、同时投入使用。

第三十八条 乡、镇或者产业园区有下列情形之一的,生态环境部门可以暂停审批该区域内产生重点污染物的建设项目的环境影响评价文件:

(一)重点污染物排放量超过总量控制指标的;

(二)未按时完成淘汰高污染行业、工艺和设备任务的;

(三)未按时完成污染治理任务的;

(四)配套的环境基础设施不完备的;

(五)市人民政府规定的其他情形。

企业集团有前款第一项、第二项、第三项情形之一的,生态环境部门可以暂停审批该企业集团产生重点污染物的建设项目的环境影响评价文件。

第三十九条 本市依法实施排污许可制度。固定污染源单位应当按照国家和本市的规定,向市或者区生态环境部门申请排污许可证。

排污许可证应当载明允许排放的污染物种类、浓度或者限值、总量、排放方式、排放去向以及相关环境管理要求等内容。排污单位应当按照排污许可证载明的要求排放污染物。

本市对排污许可证载明事项实施动态管理。因污染物排放标准、总量控制要求等发生变化,需要对相应的许可内容进行调整的,生态环境部门可以依法对排污许可证载明事项进行调整。

第四十条 本市鼓励开展重点污染物排放总量指标交易。市生态环境部门应当会同相关行政管理部门逐步建立本市重点污染物排放总量指标交易制度,完善交易规则。

第四十一条 生态环境部门应当会同有关行政管理部门建立健全环境监测网络,组织开展环境质量监测、污染源监督性监测和突发环境事件的应急监测。

重点排污单位、产业园区以及建筑工地、堆场、码头、混凝土搅拌站等相关单位,应当按照国家和本市有关规定安装自动监测设备,与生态环境部门联网,保证监测设备正常运行,并对数据的真实性和准确性负责。

对污染物排放未实行自动监测或者自动监测未包含的污染物,排污单位应当按照国家和本市的规定,定期进行排污监测,保存原始监测记录,并对数据的真实性和准确性负责。

在本市从事环境监测的机构应当按照规定向市生

态环境部门备案;向社会出具具有证明作用数据、结果的,还应当依法取得检验检测机构的资质认定。环境监测机构应当按照国家和本市环境监测规范开展环境监测,保证监测数据的真实性和准确性,并对监测数据和监测结论负责。

自动监测数据以及生态环境部门委托的具有相应资质的环境监测机构的监测数据,可以作为环境执法和管理的依据。

第四十二条 市和区人民政府应当根据实际情况,组织编制本辖区的突发环境事件的应急预案。

根据国家有关规定应当制定突发环境事件应急预案的企业事业单位,应当根据市和区应急预案,在开展突发环境事件风险评估和应急资源调查的基础上,制定本单位突发环境事件应急预案。应急预案应当向市或者区生态环境部门备案。

第四十三条 突发公共卫生事件发生时,市、区人民政府应当统筹协调医疗废物收运、贮存、处置,以及医疗污水处理等工作,保障所需的车辆、场地、处置设施和防护物资;必要时,为作业人员提供集中住宿等条件,实施闭环管理。卫生健康、生态环境、绿化市容、交通运输、水务等主管部门应当协同配合,依法履行应急处置职责。

第四十四条 本市推行环境污染防治协议制度。

有下列情形之一的,生态环境部门可以与相关排污单位签订污染防治协议,明确污染物排放要求以及相应的权利和义务:

(一) 根据本市环境治理要求,对排污单位提出严于法律、法规、国家和本市有关标准,以及排污许可证规定的排放要求的;

(二) 排污单位根据自身技术改进可能和污染防治水平,主动提出削减排放要求的;

(三) 排污单位申请排放国家和本市尚未制定排放标准的污染物的。

排污单位与生态环境部门签订污染防治协议,并实现约定的污染物减排目标的,生态环境部门应当给予奖励和支持。

违反协议约定的,应当按照协议承担责任。

第四十五条 生态环境部门及其环境执法机构和其他负有环境保护监督管理职责的部门,有权通过现场检查、自动监测、遥感监测、无人机巡查、远红外摄像等方式对排放污染物的企业事业单位和其他生产经营者进行监督检查。现场检查时,执法人员可以采取现场监测、采集样品、查阅和复制有关资料等措施。

被检查的单位应当如实反映情况,提供必要的资料,不得隐瞒情况,拒绝和阻挠检查。

第四十六条 有以下情形之一的,市或者区生态环境部门和其他负有环境保护监督管理职责的行政管理部门,可以对有关设施、设备、物品采取查封、扣押等行政强制措施:

(一)违法转移、处置放射源、危险废物的;

(二)有关证据可能灭失或者被隐匿的;

(三)其他违反法律、法规规定排放污染物造成或者可能造成严重污染的。

第四十七条 有下列情形之一的,市生态环境部门应当会同相关行政管理部门约谈区人民政府主要负责人,约谈情况向社会公开:

(一)未完成环境质量改善目标的;

(二)贯彻实施国家和本市重大环境保护、绿色发展政策措施不力的;

(三)未完成重大污染治理任务的;

(四)发生严重环境污染事故或者对生态破坏事件处置不力的;

(五)其他依法应当约谈的情形。

第五章 环境污染防治

第四十八条 产业园区管理机构应当建立园区环

境保护责任制度,履行下列环境保护管理职责:

(一)明确园区环境保护工作机构以及管理人员;

(二)落实生态环境分区管控和生态环境准入有关规定;

(三)做好园区环境基础设施规划,配套建设大气环境监测、污水收集处理、固体废物收集贮存转运、噪声防治等环境基础设施;

(四)建立环境基础设施的运行、维护制度,并保障其正常运行;

(五)对园区内排污单位开展环境保护巡查,发现环境违法行为的,及时向生态环境等有关行政管理部门报告;

(六)国家和本市规定的其他环境保护管理职责。

第四十九条 排污单位应当按照环境保护设施的设计要求和排污许可证规定的排放要求,制定操作规程,并保持环境保护设施正常运行。

环境保护设施需要维护、修理或者出现故障而暂停使用的,应当立即向市或者区生态环境部门报告,并停止相关的生产经营活动。

第五十条 排污单位应当按照国家和本市的有关规定建立环境管理台账,并对台账的真实性和完整性负责,台账的保存期限不得少于五年,但法律、法规另有规定的除外。

排污单位关闭、搬迁的,应当按照规定事先向市或者区生态环境部门报告,并制定残留污染物清理和安全处置方案,对未处置的污水、有毒有害气体、工业固体废物、放射源和放射性废物及其贮存、处置的设施、场所进行安全处理。

第五十一条 排污单位可以委托具有相应能力的第三方机构运营其污染治理设施或者实施污染治理。排污单位委托第三方机构运营其污染治理设施或者实施污染治理的,应当签订委托治理合同,并按照规定向市或者区生态环境部门报告。

接受委托的第三方机构应当遵守环境保护法律、法规和相关技术规范的要求,履行委托治理合同约定的义务。排污单位委托第三方机构运营其污染治理设施或者实施污染治理的,不免除排污单位的法律责任。

第五十二条 本市探索建立环境污染责任保险制度,鼓励石油、化工、钢铁、电力、冶金等相关企业投保环境污染责任险。

第五十三条 出现污染天气或者预报出现重污染天气以及根据国家要求保障重大活动的,有关行政管理部门应当根据应急预案的规定,采取暂停或者限制排污单位生产,停止易产生扬尘的作业活动或者采取降尘措施,限制高污染机动车行驶等应急措施,并向社会公告。

第五十四条 本市逐步淘汰高污染机动车。本市对高污染机动车实施区域限行措施。高污染机动车的范围、限行区域和限行时间,由市交通行政管理部门会同市生态环境、公安交通行政管理部门提出方案,报市人民政府批准后公布。

运输单位或者个人不得使用高污染机动车从事经营性运输活动。相关托运单位应当在托运合同中明确要求承运单位或者个人不得使用高污染机动车从事运输活动。

船舶在上海港口水域航行、作业、靠泊时,应当符合本市船舶排放相关要求。进入国家确定的船舶大气污染物排放控制区时,应当使用符合要求的燃油;需要转换燃油的,应当记录燃油转换信息。船舶进港靠泊,具备岸电使用条件的,靠泊期间应当使用岸电。

第五十五条 建筑工地、堆场、码头、混凝土搅拌站等单位应当遵守本市扬尘控制标准。具体标准由市生态环境部门会同市住房城乡建设、交通行政管理部门制定。

道路扬尘污染及其他扬尘污染防治按照本市有关规定执行。

第五十六条 市和区人民政府应当统筹城乡污水

集中处理设施及配套管网建设,并保障其正常运行,提高城乡污水收集处理能力。

市和区人民政府应当组织对本行政区域的江河、湖泊排污口开展排查整治,明确责任主体,实施分类管理。

在江河、湖泊新设、改设或者扩大排污口的,应当按照规定报经有管辖权的生态环境部门或者流域生态环境监督管理机构同意。对未达到水质目标的水功能区,除污水集中处理设施排污口外,应当严格控制新设、改设或者扩大排污口。

排污单位排放的污水应当从污水排放口排出,禁止通过暗管、渗井、渗坑、裂隙、溶洞或者雨水排放口等方式排放污水,禁止生产性污水外运处理。

禁止在长江流域水上运输剧毒化学品和国家规定禁止通过内河运输的其他危险化学品。禁止运输危险化学品的船舶进入太浦河饮用水水源保护区水域。

第五十七条 市生态环境部门应当会同市规划资源、经济信息化、农业农村、水务等有关行政管理部门定期开展土壤和地下水环境质量调查、污染源排查。发现存在环境风险的,应当责令土地使用者制定相应的风险防控方案,并采取防范措施。对土壤和地下水造成污染的,排污单位或者个人应当承担修复责任。责任主体灭失或者不明确的,由区人民政府依法承担相关修复责任。

储油库及加油站、生活垃圾处置、危险废物处置等经营企业和其他重点污染物排放单位应当按照国家和本市的规定,定期对土壤和地下水进行监测,并将监测结果向市或者区生态环境部门报告。发现存在环境风险的,土地使用者应当采取风险防范措施;发现污染扩散的,土地使用者应当采取污染物隔离、阻断等治理措施。

生产、销售、贮存液体化学品或者油类的企业以及生活垃圾处置企业应当按照国家和本市的要求进行防渗处理,防止污染土壤和地下水。

经营性用地和工业用地出让、转让、租赁、收回前,应当按照国家和本市有关规定进行土壤和地下水的环境质量评估,并根据评估结果采取风险防控措施或者开展土壤修复。工业用地以及生活垃圾处置等市政用地转为居住、教育、卫生等用地,且有土壤和地下水污染的,应当予以修复。具体规定由市生态环境部门会同市规划资源、经济信息化等行政管理部门另行制定。

第五十八条 市农业农村、绿化市容行政管理部门应当会同生态环境、规划资源等有关行政管理部门,划定农用地土壤环境质量类别,并分别采取相应的管理措施,保障农产品质量安全。

　　本市农业农村等有关行政管理部门应当采取有效措施,加强对畜禽、水产养殖污染的防治以及对使用化肥、农药、农用薄膜、养殖环节投入品的监督管理和指导,防止污染土壤、水体。

　　农业生产者应当科学地使用化肥、农药、农用薄膜和养殖环节投入品。畜禽养殖场应当保证其畜禽粪便和污水的综合利用或者无害化处理设施正常运转,保证污水达标排放,防止污染水环境。

　　禁止将含重金属、难降解有机污染物的污水以及未经检验或者检验不合格的城市垃圾、污水处理厂污泥、河道底泥用于农业生产。

　　未利用地、复垦土地等拟开垦为耕地的,区农业农村行政管理部门应当会同生态环境、规划资源行政管理部门进行土壤污染状况调查,符合农用地环境质量标准的,方可用于农业生产。

　　第五十九条　本市加强对用于环境污染治理和生态环境保护的微生物菌剂的环境安全管理。

　　微生物菌剂提供单位应当对所提供的微生物菌剂进行环境安全评价。开展环境安全评价的单位,应当具备微生物分类鉴定、特性检测和环境保护研究或者评价的能力,并根据有关技术导则进行评价。微生物菌剂应用单位应当使用通过环境安全评价的微生物菌剂。

第六十条　本市与长三角区域相关省市建立固体废物污染环境的联防联控机制,加强固体废物利用处置能力协作共享和环境风险协管共防。

本市采取措施推进工业固体废物、生活垃圾、建筑垃圾、农业固体废物、危险废物等固体废物的减量化;鼓励采用先进技术、工艺、设备和管理措施对固体废物进行资源化再利用,不能资源化再利用的固体废物应当进行无害化处置。对危险废物实行资源化再利用的,资源化再利用活动以及形成的产品应当符合国家和本市有关规定、标准规范。危险废物产生单位应当在资源化再利用前组织技术论证,并将技术论证报告、再利用方案、去向等内容向市或者区生态环境部门备案。危险废物再利用单位应当按照备案的再利用方案进行综合利用。不能再利用的,应当按照国家和本市有关规定进行安全处置。

产业园区管理机构收集贮存危险废物的,应当按照有关规定向市生态环境部门办理相关手续,并落实环境保护、安全生产等要求。

危险废物运输应当符合国家和本市危险废物运输的有关规定。禁止将境外固体废物,或者外省市的危险废物以及不作为生产原料的其他固体废物转移到本市。禁止将危险废物提供或者委托给无危险废物经营许可证的单位或者个人收集、贮存、利用、处置。禁止擅自倾倒、堆放、丢弃、遗撒危险废物。

拟退役或者关闭危险废物集中处置设施、场所的，经营单位应当在退役或者关闭前三个月报市或者区生态环境部门核准，并按照生态环境部门的要求做好后续工作。

第六十一条 排放噪声的单位和个人应当采取有效措施，使其排放的噪声符合国家和本市规定的噪声排放标准。

除抢修、抢险外，在噪声敏感建筑物集中区域禁止夜间从事产生噪声的建筑施工作业。但因混凝土连续浇筑等原因，确需在夜间从事建筑施工作业的，施工单位应当在施工作业前，向所在地区生态环境部门提出申请。区生态环境部门应当在三个工作日内出具证明，并书面通知申请人；不予出具的，应当说明理由。取得证明的施工单位应当在施工作业现场的显著位置公示或者以其他方式公告附近居民。

市人民政府或者其授权的部门可以在中高考、全市性重大活动等期间，规定一定区域禁止从事产生噪声污染的施工作业。

社会生活噪声和交通噪声的污染防治按照国家和本市有关规定执行。

第六十二条 禁止在中心城区或者其他居民集中区域设立商用辐照装置、γ探伤源库。禁止在居民住宅楼、商住综合楼内生产、使用、贮存放射性同位素或者Ⅰ类、Ⅱ类射线装置。禁止将含放射源探伤装置存放在居民住宅楼、商住综合楼以及其他公共场所。

核技术利用单位应当严格按照有关法律、法规、规章和技术标准的要求,从事生产、销售、使用、转让、进口、贮存放射性同位素和射线装置的活动。

在本市从事移动探伤的单位应当在开始作业十日前,向所在地区生态环境部门报告,并按照规定对移动探伤源建立实时定位跟踪系统。

发现无主放射源及放射性废物的,市或者区生态环境部门应当立即委托有相应资质的单位收贮或者处置,所需费用由市或者区财政负担。

第六十三条 设置产生电磁辐射污染的设施或者设备,设置单位应当采取有效的屏蔽防护措施,确保环境中电场、磁场符合国家有关规定和防护要求。

第六十四条 户外设置照明光源、建筑物外墙采用反光材料的,应当符合国家和本市有关规定、标准规范。

第六十五条 本市严格控制建筑物外墙采用反光材料。建筑物外墙采用反光材料的,生态环境部门应当按照规定组织光反射环境影响论证,住房城乡建设行政管理部门应当加强对建筑物外墙采用反光材料建设的监督管理。

道路照明、景观照明以及户外广告、户外招牌等设置的照明光源不符合照明限值等要求的,设置者应当及时调整,防止影响周围居民的正常生活和车辆、船舶安全行驶。本市住房城乡建设、绿化市容行政管理部门应当按照职责加强监督管理。

本市公安、交通等行政管理部门在监控设施建设过程中,应当推广应用微光、无光技术,防止监控补光对车辆驾驶员和行人造成眩光干扰。

第六十六条 在居民住宅区及其周边设置照明光源的,应当采取合理措施控制光照射向住宅居室窗户外表面的亮度、照度等。

禁止设置直接射向住宅居室窗户的投光、激光等景观照明。在外滩、北外滩和小陆家嘴地区因营造光影效果确需投射的,市绿化市容行政管理部门应当合理控制光照投射时长、启闭时间,并向社会公布。

施工单位进行电焊作业或者夜间施工使用灯光照明的,应当采取有效的遮蔽光照措施,避免光照直射居民住宅。

第六章 信息公开和公众参与

第六十七条 市生态环境部门应当定期发布环境

状况公报。

市和区生态环境部门以及其他负有环境保护监督管理职责的部门,应当依法公开环境质量、环境监测、环境保护规划、环境保护行动计划、环境行政许可、环境行政处罚、重点排污单位名单和地址等信息。

发生突发环境事件,市和区人民政府及其生态环境部门应当依法、及时发布有关信息。

市生态环境部门应当建立环境保护信息平台,负有环境保护监督管理职责的部门应当将本领域的环境保护信息按照规定向环境保护信息平台归集,并共享相关信息。

第六十八条 有下列情形之一的,排污单位应当按照要求公布排放污染物的名称、排放方式、排放总量、排放浓度、超标排放情况以及防治污染设施的建设和运行情况等信息:

(一)实行排污许可管理的;

(二)重点污染物排放量超过总量控制指标的;

(三)污染物超标排放的;

(四)国家和本市规定的其他情形。

排污单位应当在市生态环境部门建立的企业事业单位环境信息公开平台上发布前款规定的环境信息。

第六十九条 本市规划编制部门在有关开发利用

规划报送审批前,应当向社会公开规划的环境影响评价文件,征求公众意见。

对依法应当编制环境影响评价文件的建设项目,建设单位应当按照规定在报批前向社会公开环境影响评价文件,征求公众意见。负责审批的生态环境部门受理环境影响评价文件后,应当通过网站等方式向社会公开环境影响评价文件,征求公众意见。环境影响评价文件中涉及国家秘密、商业秘密或者个人隐私的内容,依法不予公开。

建设单位在建设过程中应当向社会公示施工期间采取环保措施的情况。

第七十条 本市推进企业环境信用管理制度建设。市和区生态环境部门应当按照规定采集、记录排污单位、第三方机构等企业及相关负责人环境信用信息,并定期进行信用评价。环境信用信息应当通过政府网站等方式向社会公开,同时纳入本市公共信用信息服务平台。

市生态环境部门和相关行政管理部门应当建立环境信用奖惩机制,将环境信用信息作为行政监管的依据。

第七十一条 本市推动石油、化工、钢铁、涉重金属排放、垃圾处置等重点排污单位定期向公众介绍企业的排污情况和污染防治情况,主动接受公众的监督。

第七十二条 公民、法人和其他组织发现任何单位和个人有污染环境和破坏生态行为的,可以通过市民服务热线、政府网站等途径向生态环境等有关部门举报。

接受举报的部门应当对举报人的相关信息予以保密,保护举报人的合法权益。

第七十三条 本市推动发展环保志愿者组织,鼓励环保志愿者及环保社会组织积极开展环境保护宣传,推动绿色生活方式,监督环境违法行为。

本市鼓励和支持符合法律规定的环保社会组织依法提起环境公益诉讼。

第七章 法 律 责 任

第七十四条 违反本条例规定的行为,法律、行政法规已有处罚规定的,从其规定。

第七十五条 企业事业单位和其他生产经营者有下列行为之一,受到罚款处罚,被责令改正,拒不改正的,依法作出处罚决定的行政机关可以自责令改正之日的次日起,按照原处罚数额按日连续处罚:

(一)未按要求取得排污许可证,违法排放污染物的;

(二)超过污染物排放标准或者超过重点污染物排

放总量控制指标排放污染物的；

（三）违反法律、法规规定，无组织排放大气污染物的；

（四）不正常运行环境保护设施，违法排放污染物的；

（五）通过暗管、渗井、渗坑、裂隙、溶洞、雨水排放口等逃避监管的方式排放污染物的；

（六）违反建设项目管理制度，主体工程投入生产或者使用且排放污染物的；

（七）擅自倾倒危险废物，或者对危险废物未采取相应防范措施，造成危险废物渗漏或者造成其他环境污染的；

（八）违反放射性污染防治规定，生产、销售、使用、转让、进口、贮存放射性同位素或者射线装置的；

（九）法律、法规规定的其他实施按日连续处罚的行为。

第七十六条 违反本条例第三十四条第三款规定，排污单位超过规定的总量指标限值排放污染物的，由市或者区生态环境部门责令改正或者责令限制生产、停产整治，处十万元以上一百万元以下的罚款；情节严重的，报经有批准权的人民政府批准，责令停业、关闭。

第七十七条 违反本条例第三十六条第一款规定，

建设单位未依法备案的,由区生态环境部门责令备案,处五千元以上五万元以下的罚款。

第七十八条 违反本条例第三十九条规定,未依法取得排污许可证排放污染物或者未按照排污许可证要求排放污染物的,由市或者区生态环境部门责令改正,依法处以罚款,责令限制生产、停产整治,责令停业、关闭,吊销排污许可证等处罚。

第七十九条 违反本条例第四十一条第二款、第三款规定,有下列行为之一的,由生态环境、住房城乡建设、交通等行政管理部门按照职责分工责令改正,处二万元以上二十万元以下的罚款;拒不改正的,责令停产整治:

(一)未按照规定安装、使用污染物排放自动监测设备,或者未按照规定与生态环境部门联网,并保证监测设备正常运行的;

(二)未按照规定进行排污监测并保存原始监测记录的。

第八十条 违反本条例第四十二条第二款规定,突发环境事件应急预案未向生态环境部门备案的,由市或者区生态环境部门责令限期改正,可以处一万元以上三万元以下的罚款。

第八十一条 违反本条例第四十九条第一款、第二款规定,未制定操作规程或者未按照规定及时报告的,由市或者区生态环境部门责令限期改正,处五千元以上五万元以下的罚款;未停止生产经营活动的,处二万元以上二十万元以下的罚款。

第八十二条 违反本条例第五十条第一款规定,未按照规定建立、保存环境管理台账或者台账记载内容不完整、弄虚作假的,由市或者区生态环境部门责令改正,处二万元以上二十万元以下的罚款;拒不改正的,责令停产整治。

违反本条例第五十条第二款规定,未按照规定向生态环境部门报告,或者未对相关污染物以及设施、场所进行安全处理的,由市或者区生态环境部门责令改正,处二万元以上二十万元以下的罚款。

第八十三条 违反本条例第五十三条规定,拒不执行暂停或者限制生产措施的,由生态环境部门处二万元以上二十万元以下的罚款;拒不执行扬尘管控措施的,由住房城乡建设、交通等有关行政管理部门或者城管执法部门依据各自职责处一万元以上十万元以下的罚款;拒不执行机动车管控措施的,由公安机关依照有关规定予以处罚。

第八十四条 违反本条例第五十四条第二款规定,未在委托合同中明确承运单位或者个人不得使用高污染机动车运输的,由交通行政管理部门责令改正,处二百元以上二千元以下的罚款。

违反本条例第五十四条第三款规定,船舶进入上海港口国家确定的船舶大气污染排放控制区,使用不符合要求的燃油的,或者不按照要求使用岸电的,由海事部门责令改正,处一万元以上十万元以下的罚款。

第八十五条 违反本条例第五十五条第一款规定,扬尘排放不符合本市扬尘控制标准的,由区生态环境部门责令改正,处一万元以上十万元以下的罚款;拒不改正的,责令停产整治。

第八十六条 违反本条例第五十六条第四款规定,通过雨水排放口排放污水或者生产性污水外运处理的,由市或者区生态环境部门责令改正,处二万元以上二十万元以下的罚款。

违反本条例第五十六条第五款规定,在长江流域水上运输剧毒化学品和国家规定禁止通过内河运输的其他危险化学品的,由海事部门责令改正,没收违法所得,并处二十万元以上二百万元以下的罚款,对直接负责的主管人员和其他直接责任人员处五万元以上十万元以下的罚款;情节严重的,责令停业整顿,或者吊销相关许可证。

违反本条例第五十六条第五款规定,运输前款规定以外的危险化学品进入太浦河饮用水水源保护区水域的,由海事部门责令改正,处十万元以上二十万元以下的罚款。

第八十七条 违反本条例第五十七条第一款规定,未承担修复责任的,由市或者区生态环境部门责令修复,处二十万元以上一百万元以下的罚款;拒不修复的,可以代为履行修复义务,相关修复费用由责任人承担。

违反本条例第五十七条第二款规定,未按照规定定期对土壤和地下水进行监测,并报告监测结果,未采取风险防范措施或者未采取污染物隔离、阻断等治理措施的,由市或者区生态环境部门责令改正,处二万元以上二十万元以下的罚款。

违反本条例第五十七条第三款规定,未按照要求进行防渗处理的,由市或者区生态环境部门责令改正,处二万元以上二十万元以下的罚款。

第八十八条 违反本条例第五十九条规定,有下列情形之一的,由市生态环境部门责令限期改正,处一万元以上十万元以下的罚款;造成环境危害的,责令消除影响,处十万元以上五十万元以下的罚款:

(一)微生物菌剂提供单位未进行环境安全评价提供微生物菌剂的;

(二)微生物菌剂应用单位擅自使用未通过环境安

全评价的微生物菌剂的。

第八十九条 违反本条例第六十条第二款规定,产生单位在资源化再利用前未组织技术论证或者未向生态环境部门备案的,由市或者区生态环境部门责令停止违法行为,限期改正,处一万元以上十万元以下的罚款。再利用单位接收未经备案的危险废物或者未按照备案的再利用方案进行综合利用的,由市或者区生态环境部门责令停止违法行为,限期改正,处二万元以上二十万元以下的罚款。

违反本条例第六十条第四款规定,将危险废物提供或者委托给无危险废物经营许可证的单位或者个人收集、贮存、利用、处置,或者擅自倾倒、堆放或者在运输过程中沿途丢弃、遗撒危险废物的,由市或者区生态环境部门责令改正,没收违法所得,处所需处置费用三倍以上五倍以下的罚款,所需处置费用不足二十万元的,按二十万元计算;情节严重的,报经有批准权的人民政府批准,可以责令停业或者关闭。

第九十条 违反本条例第六十一条第一款规定,工业企业噪声超过国家和本市规定的噪声排放标准的,由市或者区生态环境部门责令改正或者限制生产、停产整治,并处二万元以上二十万元以下的罚款;情节严重的,报经有批准权的人民政府批准,责令停业、关闭。

违反本条例第六十一条第二款、第三款规定，未按照规定取得证明从事施工作业，或者在禁止施工的特定期间从事施工作业的，由所在地区生态环境部门责令改正，处一万元以上十万元以下的罚款；拒不改正的，可以责令暂停施工。

第九十一条 违反本条例第六十二条第一款规定，有下列行为之一的，由市或者区生态环境部门责令改正，处一万元以上十万元以下的罚款：

（一）在中心城区或者其他人口集中区域设立商用辐照装置、γ探伤源库的；

（二）在居民住宅楼、商住综合楼内生产、使用、贮存放射性同位素或者Ⅰ类、Ⅱ类射线装置的；

（三）将含放射源探伤装置存放在居民住宅楼、商住综合楼以及其他公共场所的。

违反本条例第六十二条第二款规定，从事生产、销售、使用、转让、进口、贮存放射性同位素或者射线装置的活动的，由市或者区生态环境部门按照法律、法规和规章的规定处理；对于可能严重危害社会安全的，责令立即停止相关作业活动。

第九十二条 违反本条例第六十三条规定，致使环境中的电场、磁场不符合国家的规定和防护要求的，由市或者区生态环境部门责令限期改正，处 万元以上十万元以下的罚款。

第九十三条 违反本条例第六十六条第二款规定，设置直接射向住宅居室窗户的投光、激光等景观照明，或者在外滩、北外滩和小陆家嘴地区投射不符合控制要求的，由城管执法部门责令限期改正或者拆除；逾期不改正或者拆除的，处五千元以上五万元以下的罚款。

违反本条例第六十六条第三款规定，施工单位未采取有效的遮蔽光照措施的，由城管执法部门责令改正，可以处一万元以上五万元以下的罚款；拒不改正的，可以责令暂停施工。

第九十四条 违反本条例第六十八条规定，排污单位未按照要求公开环境信息的，由生态环境部门或者其他负有环境保护监督管理职责的部门责令改正，处二万元以上二十万元以下的罚款。

第九十五条 因严重违法排放污染物受到行政处罚且尚未改正的排污单位，在其改正违法行为之前，供电企业应当根据市电力运行主管部门的通知向其征收高于普通电价的电费。

市或者区人民政府对排污单位作出责令停业、关闭决定的，以及市或者区生态环境部门对排污单位作出责令停产整治决定的，供电企业应当依法采取措施，中止对排污单位供电。

第九十六条 为排污单位或者个人提供生产经营场所的出租人,应当配合负有环境保护监督管理职责的部门对出租场所内违反本条例规定的行为开展执法检查,提供承租人的有关信息。出租人拒不配合的,由负有环境保护监督管理职责的部门处二千元以上二万元以下的罚款。

第九十七条 违反本条例规定,排污单位有下列违法排污行为之一的,除依照有关法律法规规定予以处罚外,生态环境等有关行政管理部门还可以对单位主要负责人和直接责任人员处一万元以上十万元以下的罚款:

(一)超过污染物排放标准或者超过重点污染物排放总量控制指标的;

(二)未取得排污许可证排放污染物的;

(三)被生态环境部门责令限产、停产整治,拒不执行的;

(四)擅自倾倒危险废物或者通过暗管、渗井、渗坑、裂隙、溶洞等方式排放污染物的;

(五)发生环境污染事故的。

第九十八条 环境影响评价机构、环境监测机构、环境安全评价机构以及从事环境监测设备和防治污染设施维护、运营等第三方机构,未按照法律、法规和相关技术规范的要求提供有关环境服务活动,或者在有关环

境服务活动中弄虚作假的,由生态环境部门和其他负有
环境保护监督管理职责的部门责令停业整顿,处十万元
以上五十万元以下的罚款,并对其主要负责人处一万元
以上十万元以下的罚款。对造成的环境污染和生态破
坏负有责任的,除依照有关法律、法规规定予以处罚外,
还应当与造成环境污染和生态破坏的其他责任者承担
连带责任。

第九十九条 本市生态环境部门和其他负有环境
保护监督管理职责的部门有下列行为之一的,对直接负
责的主管人员和其他直接责任人员给予记过、记大过或
者降级处分;造成严重后果的,给予撤职或者开除处分,
其主要负责人应当引咎辞职:

(一) 不符合行政许可条件准予行政许可的;

(二) 对环境违法行为进行包庇的;

(三) 依法应当作出责令停产、限产的决定而未作
出的;

(四) 对超标排放污染物、采用逃避监管的方式排
放污染物、造成环境事故以及不落实生态保护措施造成
生态破坏等行为,发现或者接到举报未及时查处的;

(五) 未按照规定实施查封、扣押,情节严重的;

(六) 篡改、伪造或者指使篡改、伪造监测数据的;

(七) 应当依法公开环境信息而未公开的;

（八）将征收的排污费截留、挤占或者挪作他用的；

（九）法律、法规规定的其他违法行为。

第一百条　排污单位或者个人违反环境法律、法规规定，除依法承担相应的行政责任外，造成环境损害或者生态破坏的，还应当承担相应的生态环境损害赔偿责任。

第八章　附　　则

第一百零一条　本条例自 2016 年 10 月 1 日起施行。

4. 上海市景观照明管理规定

(2019 年 11 月 21 日上海市人民政府令第 25 号公布)

第一条(目的和依据)

为了规范本市景观照明管理,改善城市夜间景观,展示城市历史文化风貌,根据《上海市市容环境卫生管理条例》和其他有关法律、法规的规定,结合本市实际,制定本办法。

第二条(适用范围)

本市行政区域内景观照明的规划、建设、运行、维护及其相关监督管理活动,适用本办法。

第三条(定义)

本办法所称景观照明,是指利用建(构)筑物以及广场、公园、公共绿化等设置的,以装饰和造景为目的的户外人工光照。

第四条(管理原则)

本市景观照明管理,遵循统筹规划、政府引导、社会参与、分类管理的原则。

第五条(管理部门)

市绿化市容部门是本市景观照明的行政主管部门,

负责全市景观照明的指导协调工作;区绿化市容部门负责所辖区域内景观照明的具体组织推进和监督管理工作。

发展改革、财政、规划资源、住房城乡建设、商务、交通、生态环境、文化旅游、房屋管理和城管执法等部门按照各自职责,协同实施本办法。

第六条(节约能源要求)

景观照明应当符合国家和本市有关节约能源的规定,合理选择照明方式,采用高效节能的灯具和先进的灯控方式;有条件的,应当采用太阳能等可再生能源。禁止使用国家明令淘汰的、不符合能耗标准的景观照明产品和设备。

鼓励高等院校、科研机构等单位开展相关科学研究和技术开发,推广节能、环保的景观照明新技术、新材料、新工艺、新设备、新产品。

第七条(景观照明规划)

市绿化市容部门应当会同市规划资源、住房城乡建设、交通、商务等部门,根据本市经济社会发展水平,结合城市风貌、格局和区域功能,组织编制本市景观照明规划,并报市人民政府批准。

景观照明规划应当划定景观照明设置的核心区域、重要区域、重要单体建(构)筑物以及禁设区域。

第八条（规划实施方案）

市绿化市容部门应当会同市规划资源、住房城乡建设、交通、商务等部门，组织编制景观照明核心区域以及重要单体建（构）筑物的规划实施方案，报市人民政府批准后实施。

区绿化市容部门应当会同区规划资源、住房城乡建设、交通、商务等部门，组织编制本辖区范围内景观照明重要区域以及重要单体建（构）筑物的规划实施方案，经区人民政府批准后，报市绿化市容部门备案。

规划实施方案应当确定景观照明设置的具体建（构）筑物以及公共场所，并明确相应的照明形式、色彩和效果等要求。

第九条（技术规范）

市绿化市容部门应当会同相关部门根据国家和本市有关城市容貌、规划、环保等方面的规范和标准，组织编制景观照明的技术规范（以下简称"技术规范"）。

技术规范应当明确景观照明禁止设置情形、电气安全、亮度限值、照度限值、内透光照明等内容。

第十条（公示和征求意见）

景观照明规划、规划实施方案和技术规范编制过程中，组织编制机关应当征求专业单位和专家的意见。

景观照明规划、规划实施方案报送批准前，组织编制机关应当将景观照明规划和规划实施方案的草案予以公示,征求相关单位和公众意见。

组织编制机关应当将经批准的景观照明规划、规划实施方案和技术规范,向社会公布。

第十一条(设置要求)

核心区域、重要区域内的建(构)筑物、公共场所,以及重要单体建(构)筑物的产权人、使用权人或者经营管理单位(以下统称"设置者"),应当按照规划实施方案和技术规范设置景观照明。

禁设区域内,禁止设置景观照明。

其他区域内设置景观照明的,应当符合技术规范的要求。

核心区域、重要区域、重要单体建(构)筑物以及其他区域设置景观照明的,应当同时符合文物保护单位、历史风貌区和优秀历史建筑的保护管理要求。

第十二条(土地供应要求)

按照规划实施方案,核心区域、重要区域内应当设置景观照明的,景观照明设置要求纳入建设用地规划条件或者建设用地使用权出让合同。

第十三条(新改扩建要求)

按照规划实施方案,核心区域、重要区域内应当设置景观照明的建(构)筑物、公共场所,以及重要单体建

(构)筑物进行新建、改建、扩建的,建设单位应当按照景观照明设置要求,同步设计景观照明。

其他区域内设置景观照明的,市或者区规划资源部门在审核建设工程设计方案时,应当就景观照明是否符合规定,征求市或者区绿化市容部门的意见。

第十四条(既有设施增设要求)

按照规划实施方案,核心区域、重要区域内既有建(构)筑物、公共场所,以及重要单体建(构)筑物应当设置景观照明的,设置者予以配合。

区绿化市容部门应当与设置者协商形成景观照明增设方案;区人民政府予以适当支持。

第十五条(集中控制)

市和区绿化市容部门应当分别建立市级、区级景观照明集中控制系统。核心区域、重要区域内以及在重要单体建(构)筑物上设置的景观照明,应当分别纳入市级、区级景观照明集中控制系统。

景观照明集中控制系统对所纳入的景观照明的开启关闭、照明模式、整体效果等实行统一控制。重大活动期间,区级景观照明集中控制系统应当遵守市绿化市容部门的控制要求。

第十六条(运行和维护)

设置者应当承担景观照明的日常运行和维护责任,

保持景观照明整洁完好和正常运行;发现景观照明损坏、灯光或者图案等显示不全影响效果以及超过设计使用年限的,应当及时予以修复、更换。

设置者可以将景观照明移交相关单位负责日常运行和维护。

市、区绿化市容部门可以会同同级发展改革、财政等有关部门制定政策,对核心区域、重要区域内以及重要单体建(构)筑物的景观照明运行和维护予以支持。

第十七条(安全管理)

设置者应当加强景观照明的安全检查和检测,确保景观照明运行安全。

景观照明及其安装固定件应当具备防止脱落、倾倒的安全防护措施;人员能触及的景观照明应当具备必要的隔离保护措施。

市、区绿化市容部门应当加强景观照明集中控制系统的网络安全管理,防止集中控制系统被非法入侵、篡改数据或者非法利用。

第十八条(禁止擅自发布广告)

禁止利用景观照明擅自发布户外广告。对违法利用景观照明发布户外广告的,由有关部门按照户外广告有关法律、法规、规章的规定,作出责令改正、罚款、强制拆除等处理。

第十九条（监督检查）

市、区绿化市容和城管执法等部门应当按照各自职责,对景观照明的建设、运行、维护等情况实施监督检查。

景观照明的日常运行、维护情况,应当纳入城市网格化管理范围。

第二十条（投诉和举报）

任何单位和个人发现有违反本办法规定行为的,可以向绿化市容部门、城管执法部门或者其他有关部门投诉或者举报。有关部门接到投诉和举报后,应当根据职责及时处理,并将处理结果予以反馈。

第二十一条（指引性规定）

对违反本办法规定的行为,有关法律、法规、规章已有处罚规定的,从其规定。

第二十二条（对未纳入集控的处罚）

违反本办法第十五条第一款规定,景观照明未纳入市级或者区级景观照明集中控制系统的,由城管执法部门责令限期改正;逾期不改正的,处1万元以上5万元以下的罚款。

第二十三条（施行日期）

本办法自2020年1月1日起施行。

5. 上海市景观照明规划(2024—2035 年)

第一章 总 则

第 1 节 规划范围

本规划范围为上海市行政区范围。

本次规划对象为市域范围内的建筑、广场、公园绿地、名胜古迹、交通设施以及其他建(构)筑物通过人工光以装饰和户外造景为目的的照明。

第 2 节 规划期限

本规划期限自 2024 年至 2035 年。

其中,近期:2024 年至 2027 年,中期:2028 年至 2035 年。

第 3 节 规划地位

本规划是指导本市景观照明发展的纲领性文件,是编制(修编)区域景观照明规划实施方案以及实施景观照明建设和管理的基本依据。

本规划解释权归上海市绿化和市容管理局。

第 4 节 规划依据

1. 法规政策

《中华人民共和国城乡规划法》

《城市照明管理规定》(住房和城乡建设部2010年第4号令)

《上海市市容环境卫生管理条例》

《上海市环境保护条例》

《上海市推进科技创新中心建设条例》

《上海市景观照明管理办法》(上海市人民政府2019年第25号令)

《中共上海市委关于厚植城市精神彰显城市品格全面提升上海城市软实力的意见》

《中共上海市委关于深入学习贯彻习近平新时代中国特色社会主义思想 深化高水平改革开放 推动高质量发展的意见》

2. 标准规范

《城市夜景照明设计规范》(JGJ/T163-2008)

《城市照明建设规划标准》(CJJ/T307-2019)

《室外照明干扰光限制规范》(GB/T35626-2017)

《上海市控制性详细规划技术准则(2016年修订版)》(沪府办〔2016〕90号)

《上海市景观照明技术规范》(沪绿容〔2022〕310号)

《上海市新城规划建设导则》(沪新城规建办〔2021〕1号)

3. 规划文件

《上海市城市总体规划(2017—2035年)》(国函

〔2017〕147号)

《长江三角洲区域一体化发展规划纲要》(国务院公报2019年第35号)

《黄浦江沿岸地区建设规划(2018—2035年)》(沪府〔2019〕7号)

《苏州河沿岸地区建设规划(2018—2035年)》(沪府〔2019〕7号)

《北外滩地区控制性详细规划》(沪府〔2020〕39号)

《上海全球著名体育城市建设纲要》(沪府办发〔2020〕12号)

《上海市国民经济和社会发展第十四个五年规划和二〇三五年远景目标纲要》(2021年1月27日上海市第十五届人民代表大会第五次会议批准)

《上海市社会主义国际文化大都市建设"十四五"规划》(2021年9月2日颁布)

《上海"一江一河"发展十四五规划》(沪府发〔2021〕17号)

《关于本市"十四五"加快推进新城规划建设工作的实施意见》(沪府规〔2021〕2号)

《上海市"十四五"时期深化世界著名旅游城市建设规划》(沪府办发〔2021〕5号)

《上海市生态空间建设和市容环境优化"十四五"规划》(沪府办发〔2021〕14号)

《上海市建设国际消费中心城市实施方案》(沪府办发〔2021〕24号)

《上海市碳达峰实施方案》(沪府发〔2022〕7号)

《关于推进上海市公园城市建设的指导意见》(沪绿容〔2021〕208号)

《上海市商业空间布局专项规划(2022—2035年)》(沪商商贸〔2022〕311号)

《上海市推动会展经济高质量发展 打造国际会展之都三年行动方案(2023—2025年)》(沪商会展〔2023〕160号)

第二章 原则和目标

第5节 规划原则

1. 彰显特色、整体协调

建立体现独特内涵的上海城市夜景形象视觉符号体系,展示传统与现代交融、本土与外来辉映、有序与创新兼具、更新与保护并蓄的社会主义现代化国际大都市形象,塑造充满亲近感、体现高颜值、洋溢文化味的"城市表情"。坚持全局谋划、科学布局,促进景观照明与城市建设、经济发展、历史风貌、区域功能以及载体特征相协调。

2. 服务发展、传承更新

积极推进景观照明可持续发展,与商业、旅游、文化、会展、体育事业融合并进,放大景观照明的溢出带动效应,促进经济社会高质量发展,助力国际消费中心城市和世界著名旅游城市建设。坚持城市更新与景观照明改造同步,保持不同建设时期的景观照明风格稳定统一,传承"最上海"的城市文脉。

3. 以人为本、共建共享

坚持"人民城市人民建、人民城市为人民",以人民为中心,营造舒适、美观、雅致、健康、安全的夜景照明环境,提升人民群众获得感、幸福感、满意度。鼓励社会各方参与景观照明的规划、建设、运行、维护以及监督,推进共建共治共享。

4. 安全有序、守牢底线

树立安全发展理念,提高景观照明安全监管水平,切实防范安全风险。提升景观照明集中控制系统信息安全能力,保障景观照明正常启闭,维护媒体立面播放安全;推动景观照明运行维护专业化、精细化,有序推进景观照明设施更新、改造,确保景观照明设施平稳、高效运行。

5. 绿色低碳、引领未来

坚持绿色低碳发展,落实国家"碳达峰、碳中和"目标要求,进一步挖掘景观照明节能潜力,提倡使用清洁可再生能源。抓住城市数字化转型契机,深化景观照明全生命周期管理,全面落实智慧管理要求,有序降低景观照明碳排放。加强景观照明科技创新,促进新产品、新技术、新工艺、新材料推广应用。

第6节　规划目标

1.总体目标

围绕"五个中心"建设目标,坚持"四个放在",瞄准"改革开放排头兵、创新发展先行者"定位,推进美丽上海建设,对标国际最高标准、最好水平,进一步提质增效、优化布局、创新发展,打造世界级旅游精品,向世界展示"典雅精致、温馨舒适、繁华时尚、流光溢彩"的城市夜景形象,持续提升上海景观照明的世界影响力,建成世界领先的全球卓越城市景观照明典范。

——充满活力的创新之城夜景

在照明技术、照明模式、照明手法、创意构思等方面展现创新活力,进一步提升上海夜景品牌影响力,引领上海景观照明产业可持续发展,助力上海科创中心建设。以黄浦江、苏州河及重要高架道路沿线照明为核心,构成串联全市的景观照明脉络,展现新时代上海发展的澎湃活力,彰显开放、创新、包容的上海城市品格。

——富有魅力的人文之城夜景

坚持以人为本,以15分钟社区生活圈为基本空间单元,系统提升公共空间的照明品质,营造格调高雅的夜景氛围,满足市民美好生活需求。以城市副中心、新城、商业中心、公共文化设施、主要旅游景区、产业园区为重点,构成多元化的夜景展示区域,建设具有人文底蕴和时尚魅力的国际文化大都市夜景。

——绿色低碳的生态之城夜景

遵循节约资源和保护环境的基本国策,落实"碳达峰、碳中和"目标要求,建立绿色低碳的景观照明体系和高效的智慧照明系统。划定景观照明空间分区,加强照明指标管控,有序推进景观照明建设与更新;明确禁设区域,保护自然生态和暗天空。

2. 主要指标

至 2027 年,上海景观照明总体布局基本形成。持续提升黄浦江核心段 45 公里岸线和苏州河中心城段 42 公里岸线空间景观照明品质,徐汇滨江、前滩和后滩区域建设成为黄浦江景观照明新地标,北外滩中央商务区景观照明同步建设,全面建成"一环两高架"景观照明,基本完成城市主中心、重要商圈、"五个新城"中心区已建成区域的景观照明建设,上海国际光影节成为国内一流的城市光影公共艺术活动;核心区域景观照明建成率达到 80%以上,重要区域景观照明建成率达到 60%以上;节能灯具使用率达到 98%以上,集中控制纳控率达到 95%以上。

至 2035 年,上海景观照明总体布局全面完成,建成世界领先的全球卓越城市景观照明典范。主城区景观照明品质实现高质量提升,"五个新城"中心区景观照明建设全面完成,上海国际光影节成为国际一流的夜间文化品牌活动,核心区域景观照明建成率达到95%以上,重要区域景观照明建成率达到80%以上,建立数字化智慧照明管控系统,景观照明全生命周期能耗和碳排放约束机制基本建成,碳排放统计制度基本形成,实现碳达峰。

第三章　总　体　布　局

第7节　景观照明总体布局

落实上海市城市总体规划中"一主、两轴、四翼;多廊、多核、多圈"的市域总体空间结构要求,形成"一城多'新',五带多点"的景观照明总体布局。

"一城多'新'":为景观照明总体空间结构。"一城"指上海市主城区,包括外环以内的中心城加上虹桥、川沙、宝山、闵行4个主城片区;"多'新'"指嘉定、青浦、松江、奉贤、南汇"五个新城"及崇明城桥、金山城区构成的辐射长三角的外围城市群。

"五带多点":为景观照明总体架构。"五带"指黄浦江沿岸、苏州河沿岸、延安高架—世纪大道沿线、内环高架沿线、南北高架沿线;"多点"指全市范围内的公共活动中心、主城副中心、新城中心,重要商圈、商业街区以及公共文化设施、主要旅游景区、重要交通枢纽、产业园区节点等。

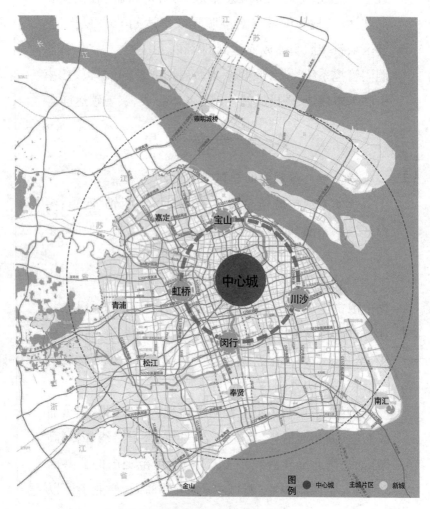

上海市景观照明总体空间结构图

上海市景观照明总体架构图

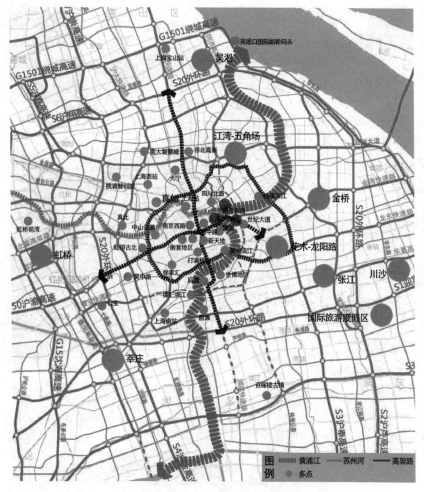

上海市主城区景观照明架构图

第8节 景观照明规划分区

根据城市空间布局,综合考虑区域功能、商业文旅

核心区域			外滩、小陆家嘴、北外滩
重要区域	五带	重要水系	黄浦江沿岸、苏州河沿岸
		重要道路	延安高架—世纪大道沿线、南北高架沿线、内环高架沿线
	多点	主城副中心	吴淞、五角场、真如、虹桥、莘庄、花木—龙阳路、张江、金桥、川沙城市副中心
		五个新城中心区	嘉定新城中心区、青浦新城中心区、松江新城中心区、奉贤新城中心区、南汇新城中心区
		商业中心	南京东路、南京西路、淮海中路、四川北路沿线,大宁、中环(真北)、虹桥—古北、吴中路商业中心地区,打浦桥、中山公园、徐家汇地区
		文旅地区	人民广场、豫园、新天地、衡复风貌区、国际旅游度假区、乐高乐园度假区、朱家角古镇、枫泾古镇、七宝古镇、召稼楼古镇、州桥老街
		交通枢纽	铁路上海站、上海南站、上海西站、上海宝山站,东方枢纽、吴淞口国际邮轮码头、安亭枢纽、松江枢纽、奉贤新城枢纽、金山枢纽地区
		区级重点建设区域	市北高新园区、虹桥前湾商务区、南大智慧城、桃浦智创城、七宝镇地区,金山城区,崇明城桥地区
禁设区域			自然(生态)保护区,农业用地,战略预留区及其他法律、法规禁止设置景观照明的区域
其他区域			除核心、重要、禁设区域的其余区域

注:核心区域、重要区域范围见"附录1.核心及重要区域范围"。

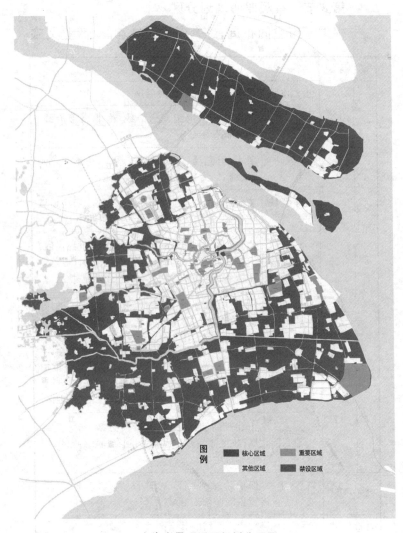

图例 核心区域 重要区域 其他区域 禁设区域

上海市景观照明规划分区图

价值、市民休闲需求以及景观照明建设强度等因素,将本市行政区域划分为核心区域、重要区域、禁设区域和其他区域,实施景观照明分区分类分级规划管控。

核心区域作为面向世界展示城市形象的重要窗口,由政府主导推进景观照明建设及更新;重要区域作为面向全国展示城市形象的窗口,由政府引导社会各方,根据区域功能和夜景要素特点有序推进景观照明建设及更新;禁设区域不得建设景观照明,保护城市暗天空;其他区域由社会各方自愿建设景观照明,并遵守法律法规以及国家、地方有关标准规定。

第9节　分区照明发展导引

1. 核心区域照明发展导引

持续优化黄浦江两岸景观照明品质,打造世界级滨水区夜景,展现社会主义现代化国际大都市夜景风范。加强日常维护,保证亮灯效果,结合重大活动、重要节日、旅游推广等优化灯光启闭时间,丰富灯光场景,彰显上海特色。提升垂江通道照明,丰富区域夜景层次,拓展外滩第二立面照明和天际线层次,完善世界会客厅视角的小陆家嘴景观照明效果,高品质建设北外滩中央商务区景观照明。

2. 重要区域照明发展导引

统筹夜景形态风貌,引导景观照明差异化呈现,聚焦徐汇滨江-前滩-后滩、世博滨江等区段,随"一江一河"公共空间贯通延伸段同步建设景观照明,整体统筹"一环两高架"沿线景观照明建设,逐步完善"五个新城"、金山和崇明等区域景观照明,分批提升主城副中心、重要商圈、公共文化设施、主要旅游景区、重要的交通枢纽景观照明,展现上海的多元魅力。

3. 其他区域照明发展导引

结合美丽上海建设的任务要求,提升"15分钟社区生活圈"照明品质,强化近人尺度感受,营造舒适宜人夜间环境,服务人民美好生活。

第四章 充满活力的创新之光

第10节 助力夜经济繁荣

推动景观照明建设与夜经济发展相配套,扩大文旅休闲消费,根据商业布局规划,推进"国际级消费聚集区、市级商业中心、地区级商业中心、社区商业"四级商业中心夜景提质升级。围绕"1+15+X"夜间经济整体布局,提升世界级商圈、特色商业街区、"五个新城"商业地标、公共文化设施、主要旅游景区、市级公共体育场馆、大型展览场馆等的景观照明品质。

契合"特色商业街区"定位,打造街区夜景风貌,凸显"一街区一主题",推动景观照明设施、户外广告设施、户外招牌等夜间视觉元素的融合设计。支持"首发经济示范区"特色活动、"首店"活动等,设置临时景观照明装置,营造商业氛围。重大活动期间,核心区域、重要区域媒体立面可发布临时性户外广告。

第 11 节　鼓励设计创新

鼓励景观照明设计创新,提升自主原创能力和设计美学水准,运用人工智能、大数据、虚拟现实、数字媒体等技术手段,推动景观照明新理念、新创意、新技术、新产品的应用,精心设计城市地标建筑、黄浦江和苏州河两岸等滨水公共空间、城市更新和旧区改造、社区环境等的景观照明,创新艺术化、数字化、沉浸式呈现形式,提升专业会议、博览展览展示、重要节日和大型赛事等重大活动照明模式效果的创意策划能力、创新展示方式,不断为上海夜景注入新的活力。

发挥设计的创新驱动能力和泛在赋能效应,促进景观照明产业在核心技术、系统集成、产品设计、工艺流程、广告宣传等方面的创新发展。注重在设计作品、设计方案中厚植城市精神,彰显城市品格,弘扬红色文化、江南文化、海派文化,聚力共铸上海城市品牌。

第 12 节　创办上海国际光影节

对标国际著名灯光节,坚持国际视野、世界标准,以光影艺术为载体,体现上海元素、中国特色,定期举办上海国际光影节,宣传上海景观照明建设成果,推动国际交流合作,提升上海景观照明国际形象。组织专业化、大众化、产业化相结合的主题活动,召开国际前沿科技研讨会,开展商业、文化、旅游联动活动,展示景观照明新型艺术装置,展演主题光影秀,举办产业高新技术成果博览会,运用多种形式展示景观照明的新创意,促进科技成果转化,推动上海景观照明产业发展。

第五章　富有魅力的人文之光

第13节　点亮15分钟社区生活圈

围绕"24小时活力城市"愿景和15分钟社区生活圈建设,以人民生活为关注重心,丰富和连通城市夜空间,提升建成区滨水公共空间、绿道、口袋公园、广场、运动场所等开放空间照明,提升城市烟火气,提供舒适、安全、健康的高品质夜间环境。

提升市民夜间生态空间休闲体验,注重绿道、公园内的景观照明与功能照明的融合,展现场所景观特征和区域文化底蕴。可对临近路边、出入口建(构)筑物、活动场地、广场、滨水公共空间、标志性建筑等设置亮度适宜的景观照明。可在活动场地、广场、标志性建筑设置景观照明互动装置,使用彩光、动态光,满足居民休闲及社区活动需求。强化慢步道、跑步道、骑行道等行动空间的照明安全性及引导性,完善夜间标识导引系统。综合性公园、重点地区开放性公园可采用智慧化控制方式,设置多种照明模式,根据人流量和公园开闭时间进行动态调整。照明设施不宜采用影响植物生长的附着紧固方式,应当合理控制照射植物的夜间照明时长。

第14节　塑造海派历史风貌夜景

保护历史建筑、风貌街区、革命遗址、工业遗存等的传统风貌,塑造精致典雅的特色夜景,体现"里弄小巷石库门、梧桐树下小洋房"的独特气质,传承"最上海"的城市文脉。景观照明设计应当与建筑及街区的风格、空间布局、尺度等有机融合,挖掘海派文化,提炼语言、图像、音频等元素,作为灯具造型、光色、图案意象、光影变化的特征,宜以偏低的亮度、偏暖的光色布局展现夜景风貌。古镇、老城厢、石库门里弄、风貌保护河道等应当凸显海派文化特征。景观河道、湖泊等水系应结合水文特征、观水视线以及滨水载体与景观风貌等塑造舒适优雅的游憩夜景。"永不拓宽的风貌保护马路"应当注重该马路特色夜景氛围的传承和延续。"落叶不扫"景观道可采用定制的暖光色为市民城市漫步、赏景营造温馨优雅的氛围。

第15节　打造世界著名夜游城市

通过景观照明建设、提升,激发夜间文化旅游活力,推动高品质世界著名旅游城市建设。结合红色文化旅游体系、黄浦江和苏州河水上旅游体系、"五个新城"等区域的水乡和滨海旅游体系、观光巴士游览、登高赏景、城市阅读和漫步等，开发夜游路线，推进沿线景观照明设计、建设、运行、更新，形成主次分明、层次丰富、界面连续、富有节奏感与韵律感的水陆空观赏场景，展现独具上海魅力的城市夜游画卷。加强景观照明与商旅、文体、会展等重大节庆活动的联动，以重大活动模式渲染夜景氛围，释放文旅消费潜力。

配合黄浦江水上夜游的南北延伸和苏州河水上夜游线路，建设沿线景观照明，完善游览码头、桥梁景观照明及游船船体灯光装饰，提升两岸景观照明与游船、游客的互动，提供多样化、富有节奏感和故事性的夜游体验。提升观光巴士沿线游览视角景观照明，完善观光巴士车身及站点灯光装饰。在核心区域举行"点灯仪式"，挖掘商业价值，吸引全球游客体验，打造成为标志性夜游景点。通过体现上海夜景独特魅力的"十佳夜景"选树、"夜景5A景区"培育、"上海光影漫步地图"定期发布等提高民众参与度，推广城市夜游。

第六章 绿色低碳的生态之光

第 16 节 推进全生命周期管理

景观照明规划、设计、建设、运行维护、回收等各阶段应当体现高效节能、环保、安全、舒适原则,注重以人为本,充分运用健康照明的最新研究成果。

设计阶段:根据本规划确定的管控通则及指标,选择合适的照(亮)度标准和多彩光、动态光指标,选择合理照明方式,确保适宜的亮度和色彩对比,控制能耗,选用高效节能产品,科学利用可再生能源和储能措施,应对照明功率密度值进行核算。设计方案应进行干扰光影响的分析评估,注重生态保护和限制光污染,减少对动植物、候鸟等的影响,避免景观照明设施对周边环境产生干扰光,避免影响户外活动与交通出行。

建设阶段:严格按照设计方案施工,通过抽查检测等措施确保实际使用的照明产品高效节能,加强景观照明设备用电管理和单独计量,减少施工过程中的废弃物,减少景观照明建设过程中的碳排放。

运行维护阶段:合理调整运行模式、启闭时间,充分发挥集中控制系统的调控作用,及时关闭或调暗灯光,减少能耗。落实专业运维单位,执行维护计划,确保照明的亮灯率和设施的完好率,及时排查隐患,落实安全管理,确保照明设施用电安全、集控系统网络安全。

回收阶段:对废旧照明设备进行分类收集,委托再生资源回收利用企业、危险废物经营单位进行利用和无害化处理。

第 17 节　加强数字智慧照明控制

推动市级景观照明集中控制系统扩容、增能,建立数字化智慧照明管控系统,丰富数据反馈、实时计量、远程调控等功能,完善市、区两级集控平台的分级智慧管理联控。

智慧照明管控系统应实现对景观照明设施的精细化管理,实时反馈和调整设施能耗,实现智慧调节,根据不同的时间、场景和需求,自动调整照明亮度、色温、动态变化等,进一步提高能源利用效率、降低碳排放,提高景观照明质量和安全性,满足景观照明运行的个性化需求,进一步提高照明舒适度。通过对景观照明设施运行的数据分析和挖掘,自动计量分析运营能耗、成本及碳足迹,为提高景观照明管理效率提供决策参考。

第 18 节　促进节能降碳增效

坚持节约优先,探索构建科学合理的节能指标体系、优化景观照明模式、启闭时间、开发景观照明数字化应用场景、提升照明灯具效能,逐步加强景观照明节能降碳管理。

基本建立景观照明全生命周期的能耗和碳排放约束机制,研究制定景观照明碳排放统计制度,组织开发景观照明碳排放计算工具,逐步在全行业中推广使用。推广应用先进低碳、零碳照明技术,推动可再生能源应

用,推进景观照明废弃物循环再生利用,实现景观照明
碳达峰目标。

第七章　景观照明建设规划

第 19 节　近期实施规划(2024—2027 年)

区域	建设项目
黄浦江沿岸	外滩第二立面,天际线
	小陆家嘴丰和路-浦东南路段滨水空间
	北外滩中央商务区建构筑物
	黄浦段:董家渡至卢浦大桥段建筑及滨水空间
	浦东新区段:新民洋段(浦东南路-杨浦大桥)滨水空间,世博、前滩、后滩区段建筑及滨水空间,徐浦大桥以南滨水空间
	杨浦段:杨浦大桥-定海路桥段建筑及滨水空间
	徐汇段:徐汇滨江(日晖港-徐浦大桥)建筑及滨水空间,徐浦大桥以南滨水空间
	宝山段:吴淞口-蕰藻浜区段建筑及滨水空间
苏州河沿岸	黄浦段驳岸和建筑
	静安段建筑
	普陀段驳岸、滨水空间和建筑
	长宁段建筑
	嘉定段苏河源综合公园
一环两高架	内环高架、延安路高架、南北高架沿线建构筑物

(续表)

区域	建设项目
五个新城中心区	新城中心区已建成区域内的重要建筑、开放空间
重要商圈	建筑、开放空间
其它重要区域	主城副中心、文旅地区、主城区内交通枢纽、区级重点建设区域等重要区域的建筑、开放空间
重要单体项目	市、区重点项目的建构筑物,如万吨筒仓、上海大歌剧院、世博公园马术中心等
集中控制系统	各区景观照明集控系统建设,市区两级系统联通

第 20 节　中期实施规划(2028—2035 年)

区域	建设项目
黄浦江沿岸	外滩、小陆家嘴、北外滩建筑及滨水空间改造
	核心段 45 公里岸线建筑及滨水空间改造
	宝山上港九区、十区、十四区、杨浦复兴岛-军工路,闵行吴泾老工业基地、闵行滨江、浦东沪东中华船厂、海军 4805 厂、中海船厂等区段滨水空间
苏州河沿岸	中环以内区段建筑及滨水空间改造
	中环至外环建筑及滨水空间,外环至嘉闵高架区段滨水空间,虹桥前湾区段建筑及滨水空间,嘉闵高架至 G15 吴淞江大桥区段滨水空间
五个新城中心区	新城中心区范围内建筑及开放空间
金山城区中心区域	重要建筑及开放空间

(续表)

区域	建设项目
崇明城桥中心区域	重要建筑及开放空间
交通枢纽	东方枢纽、安亭枢纽、松江枢纽、奉贤新城枢纽及金山枢纽地区内的重要建筑、开放空间及主要联络道路沿线
社区夜间氛围提升	制定实施社区景观照明提升要求、标准和导则

第八章 管控通则及指标

第 21 节 管控通则

景观照明建设应结合规划区域开发和改造建设时序同步规划、同步设计、同步实施。核心区域、重要区域及重要单体建(构)筑物应当按照本规划、所在区景观照明规划实施方案要求建设景观照明:新建、改建、扩建项目应当同步设计、建设景观照明;未设置景观照明的,应当制定增设方案,按照绿化市容管理部门要求建设;既有景观照明设施,经检测评估存在效果不佳、能耗过高、有安全隐患、超过使用年限等情况的,设置者应当及时改造。其他区域设置者可根据本规划、国家和本市技术规范建设景观照明,并做好日常运行维护。

根据载体地块性质及景观照明规划确定的分区,按景观照明控制指标表分级确定亮度、色温、多彩光、动态光四项控制指标。统筹景观照明设计与室内内透光照明设计。禁止新建多栋建筑联动的媒体立面,核心区域内严控媒体立面数量,重要区域内限制媒体立面数量。新增媒体立面面积不宜大于单侧建筑立面连续40％面积,建设实施时需按有关规定履行项目审批流程。

核心区域、重要区域及重要单体建(构)筑物景观照明应当纳入集中控制系统,按时启闭,保证亮灯效果。其他区域景观照明的启闭时间由设置者自行确定。

禁止设置影响园林、古建筑等自然和历史文化遗产保护的景观照明设施。行道树和种植穴的景观照明,不得妨碍车辆和行人通行,不宜采用影响植物生长的附着紧固方式;灯具安装尽量隐蔽,保证一定的安装高度,防止行人触碰;长期安装的灯具,不应采取缠绕方式。禁止设置影响机动车、非机动车驾驶、水上通航安全和对行人产生眩光干扰的景观照明设施。

第22节 控制指标

为景观照明规划分区设定平均亮度上限值,管控景观照明亮度分布,形成合理的明暗对比。

区　域	平均亮度上限值(cd/m²)
核 心 区 域	35
重 要 区 域	23
其 他 区 域	15
禁 设 区 域	0

根据载体功能定位和所处用地性质、景观照明空间分区以及单体建(构)筑物重要性分级,细化亮度、色温、多彩光、动态光四项控制指标。

控制指标主要内容表:

指标种类	技术指标	指标代码
平均亮度限值	15—35 cd/m²	A
	15—23 cd/m²	B
	10—20 cd/m²	C
	5—15 cd/m²	D
	<=10 cd/m²	E
色温	中低色温为主(1 900 K—3 300 K)	N
	中间色温为主(3 300 K—5 300 K)	M
	中高色温为主(5 300 K 以上)	L
多彩光	多彩光适度使用	S
	多彩光控制使用	T
	多彩光禁止使用	U
动态光	动态光适度使用	P
	动态光控制使用	Q
	动态光禁止使用	R

注:1. 平均亮度限值指载体景观照明平均亮度可达到的最高值。

2. 多彩光:同时使用三种以上彩色光。适度使用:常态模式不使用,节假日和重大活动模式使用;控制使用:常态和节假日模式不使用,重大活动模式可使用;禁止使用:不得使用。

3. 动态光:光的亮度或颜色变化。适度使用:常态模式可缓慢变换,节假日和重大活动模式动态变化不限;控制使用:常态模式仅可进行模式切换,节假日和重大活动模式可适度缓慢变换;禁止使用:不得使用。

4. 详表见"附录 3 景观照明控制指标表"。

第 23 节　景观照明模式要求

核心区域、重要区域及重要单体建（构）筑物的景观照明应具有常态、节假日、重大活动模式，启闭时间由市绿化市容管理部门公布。

常态模式：景观照明设施部分开启，以淡雅、静态灯光展现载体及空间特质。核心区域景观照明设施静态全亮，外滩防汛墙照明开启。

节假日模式：国家法定节假日、周休息日以及周五，景观照明设施全部开启，适度使用舒缓的动态变化营造节日气氛。核心区域景观照明设施静态全亮，外滩防汛墙照明及瀑布开启。

重大活动模式：在重大节日、重大庆典等重大活动期间，景观照明设施全部开启，使用动态变化渲染重大活动氛围。外滩万国建筑群、北外滩建筑群、光耀系统景观照明设施开启动态变化，外滩防汛墙照明及瀑布开启颜色变化，媒体立面播放重大活动宣传内容。

景观照明模式、启闭时间可由市绿化市容管理部门根据本市灾害性天气预警信号以及本市电力负荷管理要求视情调整。

第九章　保障措施

第 24 节　完善分级管理体系

市绿化市容管理部门负责制定景观照明年度建设

计划,区绿化市容管理部门负责根据年度建设计划编制建设方案,并具体组织实施。

市绿化市容管理部门负责制定景观照明设计方案审核制度,针对核心区域以及重要单体建(构)筑物景观照明设计方案组织"一事一议"专家论证。

市、区规划资源部门在审核核心区域、重要区域以及重要单体建(构)筑物新建、改建、扩建建设工程设计方案时,应就景观照明内容征求同级绿化市容管理部门的意见。

第 25 节 加强专业能力建设

市绿化市容管理部门负责组建景观照明咨询专家库,组织相关领域高水平专家发挥决策咨询、指导参谋等作用。

市、区绿化市容管理部门应当组织第三方专业检测机构开展景观照明控制指标检测工作,对违反控制指标的项目提出整改意见。

市、区绿化市容管理部门应坚持整体性转变、全方位赋能和革命性重塑,提升数字化建设能级。持续深化景观照明领域数字化发展的先发优势,加快构建覆盖全市地域、全行业领域的景观照明数据中枢体系,以智慧化应用纵深推进精细化管理,助推行业数字化转型。

第 26 节 促进行业科技创新

市、区绿化市容管理部门应当坚决实施科教兴业战略,积极转变行业发展方式,重视创新人才培养和使用,优化完善科研项目经费投入和使用,促进科技成果转化和推广,积极开展国际和国内科技创新交流合作,提升景观照明行业发展的质量和效益。

鼓励景观照明企业、设计单位、高校、科研院所、学会协会等瞄准行业科技发展的主攻方向,加大科技攻关力度,重视前瞻性、综合性、实效性,开展新技术、新工艺、新材料、新设备研究,推进标准规范研究和制修订、定额和估算指标制修订工作,提升规划实施成效,推广应用低碳、零碳照明技术,促进节能降碳可持续发展。

第 27 节　落实投入保障机制

按照政府引导、企业参与的原则,建立公共财政与社会多元投入机制,筹措建设和维护经费,确保景观照明规划的正常实施。

市、区政府应对核心区域、重要区域和重要单体建(构)筑物的景观照明设施建设、日常运行维护、集控系统建设和运行等予以支持。

第 28 节　强化社会宣传动员

市、区绿化市容管理部门应通过多种方式宣传景观照明规划,提高市民对规划的认识,加强社会对规划实施的监督;宣传核心区域、重要区域的景观照明建设成果,策划组织相关夜间活动,提高市民参与感、获得感。

市、区绿化市容管理部门应加强政策、法规、标准解读,推广绿色低碳照明理念,建立景观照明社会监督员制度,组织开展核心、重要区域景观照明满意度调查,收集社会各方意见建议。

附　　录

附录1　核心及重要区域范围

根据各区域详细规划、建设导则、夜间人流分布及各区主管部门反馈意见划定景观照明分区中核心和重要区域的四至范围。

分类	区域	范围
核心区域	外滩	由延安东路、黄浦江、苏州河、河南中路围合区域
	小陆家嘴	由黄浦江、浦东南路和东昌路围合区域
	北外滩	整体范围:由大连路、杨树浦路、秦皇岛路、黄浦江、苏州河、河南中路、河南北路、海宁路、周家嘴路围合区域 中央商务区:由周家嘴路、公平路、海门路、东大名路、商丘路、旅顺路围合区域
重要区域	黄浦江沿岸	闵浦二桥至吴淞口,岸线至与岸线平行的第一条市政道路(如第一条道路紧邻岸线则拓展至第二条),包含沿路建筑(含国际邮轮港码头、杨浦滨江、徐汇滨江、浦东滨江、世博片区、前滩、后滩等)

（续表）

分类	区域	范　围
重要区域	苏州河沿岸	黄浦江河口至 G15 吴淞江大桥,岸线至与岸线平行的第一条市政道路(如第一条道路紧邻岸线则拓展至第二条),包含沿路建筑
	延安高架沿线	东起中山东一路,西至外环,包含高架桥及两侧各 100 米范围内重要建(构)筑物
	世纪大道沿线	由峨山路、杨高南路、源深路、昌邑路、银城路、浦东南路、潍坊路、东方路围合区域
	内环高架沿线	全线,包含高架桥及两侧各 100 米范围内重要建(构)筑物
	南北高架沿线	南北均以外环为界,包含高架桥及两侧各 100 米范围内重要建(构)筑物
	南京东路沿线	东起中山东一路,西至西藏中路,两侧至相邻的第一条平行道路
	南京西路沿线	东起西藏中路,西至延安西路,两侧至相邻的第一条平行道路
	淮海中路沿线	东起人民路,西至华山路,两侧至相邻的第一条平行道路
	四川北路沿线	南起苏州河四川路桥,北至虹口足球场,两侧至相邻的第一条平行道路
	大宁商业中心地区	由万荣路、永和路、共和新路、灵石路、平陆路、广中路、乡宁路、延长中路围合区域
	中环(真北)商业中心地区	由曹安路、真光路、梅川路、真北路、金沙江路、丹巴路围合区域
	虹桥-古北商业中心地区	由天山路、古北路、红宝石路、姚虹西路、虹桥路、内环高架路围合区域

(续表)

分类	区域	范　　围
重要区域	吴中路商业中心地区	以吴中路为轴线,东起古北路,西至外环,两侧至相邻的第一条平行道路
	打浦桥地区	由建国中路、思南路、泰康路、鲁班路、斜土路、炎虹路、瑞金南路、徐家汇路、瑞金二路围合区域
	中山公园地区	由华阳路、安西路、安化路、万航渡路、中山西路、长宁路、凯旋路围合区域
	徐家汇地区	由淮海西路、凯旋路、中山南二路、天钥桥路、零陵路、宛平南路、肇嘉浜路、天平路、广元路、华山路围合区域
	人民广场地区	由西藏中路西侧人行道、黄陂北路东侧人行道、武胜路南侧人行道、上海大剧院和人民大道200号外墙沿线(包括地下广场和地铁车站)围合区域
	豫园地区	由人民路、复兴东路、河南南路围合区域
	新天地地区	由自忠路、太仓路、济南路、马当路围合区域
	衡复风貌区	黄浦区范围:由陕西南路、长乐路、重庆中路、太仓路、黄陂南路、合肥路、重庆南路、建国中路围合区域 徐汇区范围:由华山路、兴国路、淮海中路、华山路、广元路、天平路、肇嘉浜路、嘉善路、建国西路、陕西南路、长乐路围合区域 静安区范围:由延安西路、陕西南路、长乐路、镇宁路围合区域 长宁区范围:由昭化东路、江苏路、华山路、淮海中路、兴国路、华山路、镇宁路围合区域

（续表）

分类	区域	范 围
重要区域	国际旅游度假区	由沪芦高速、周邓公路、南六公路、迎宾高速围合区域
	吴淞城市副中心	由友谊路、北泗塘、蕴藻浜、江杨北路围合区域
	五角场城市副中心	由殷高东路、国京路、政立路、国和路、国定路、政立路、国安路围合区域
	真如城市副中心	由岚皋路、中山北路、武宁路、真北路、交通路、真南路、富平路、真金路、交通路围合区域
	虹桥城市副中心	由虹桥火车站、盈港东路、蟠和路、崧泽大道围合区域
	莘庄城市副中心	由沪金高速、外环、春申塘、嘉闵高架、顾戴路围合区域
	花木-龙阳路城市副中心	由杨高南路、芳甸路、花木路、罗山路、芳华路、浦建路围合区域
	张江城市副中心	由申江路、金科路、沔北路、韩钱路、丹桂路、郭守敬路围合区域
	金桥城市副中心	由金港路、红枫路、张家浜楔形绿地、杨高中路围合区域
	川沙城市副中心	由界龙一路、华东路、迎宾高速、唐黄路围合区域
	铁路上海站地区	由大统路西侧人行道、恒丰路东侧人行道(含恒丰路立交桥桥洞)、天目西路北侧人行道、铁路北侧围墙(包括上海站站前广场、地下广场、地铁车站)围合区域

(续表)

分类	区域	范　　围
重要区域	上海南站地区	由石龙路、沪闵路、柳州南路、老沪闵路围合区域
	上海西站地区	由富平路、真金路、桃浦路、真南路围合区域,已在真如城市副中心范围内
	上海宝山站地区	位于上海绕城高速、蕰川公路交叉处(范围待定)
	东方枢纽地区	上海浦东国际机场与上海东站的"空铁一体化"的综合交通枢纽 上海东站核心区:由祝钦路、河滨西路、金亭路、川南奉公路围合区域
	安亭枢纽地区	安亭西站及安亭北站(范围待定)
	松江枢纽	由金玉路、富永路、申嘉湖高速、大张泾水域围合区域,已在松江新城范围内
	奉贤新城枢纽	沪乍杭铁路奉贤站,位于白秀路、望园路,已在奉贤新城范围内(范围待定)
	金山枢纽地区	沪乍杭铁路金山站(范围待定)
	吴淞口国际邮轮码头地区	邮轮母港及陆上区域:由长江岸线、牡丹江路、富景东路、东林路、密山东路、子青路、宝林路、宝东路、海江路、塘后路、塘后支路围合区域
	市北高新园区地区	由走马塘、寿阳路、中环路、彭越浦围合区域
	七宝镇地区	由外环路、漕宝路、蒲汇塘、七莘路、吴中路围合区域
	虹桥前湾地区	由纪翟路、北青公路、联友路、纪梅路围合区域

(续表)

分类	区域	范　　围
重要区域	南大智慧城地区	由南陈路、祁好路、瑞丰南路(及规划八路)、大场路、丰翔路围合区域
	桃浦智创城	由真北路、沪宁铁路、铁路南何支线、沪嘉高速公路围合区域
	嘉定新城中心区	远香湖中央活动区:由横沥河、双单路、永盛路、高台路围合区域 老城区:嘉定环城河围合区域
	青浦新城中心区	新城中央商务区:由崧泽大道、胜利路、盈港路、盈港东路、绕城高速围合区域 老城区:青浦城河、淀浦河围合区域
	松江新城中心区	城市副中心:由文翔路、大张泾水域、梅园路、沈泾塘水域围合区域 松江国际生态商务地区:由黄渡浜街、大张泾、外浜街、茸悦路、茸梅路围合区域 临港科技城地区:由顺庆路、九新公路、沪昆高速、中心路围合区域 松江枢纽:由金玉路、富永路、申嘉湖高速、大张泾水域围合区域 老城区:由乐都路、松江环城路、松江环城路、松汇路、谷阳路围合区域
	奉贤新城中心区	城市副中心:由东方美谷大道、金汇港、浦南运河、沪金高速围合区域 老城区:由南桥运河北路、南桥环城东路、解放中路、南桥环城西路围合区域 奉贤新城枢纽:沪乍杭铁路奉贤站,位于百秀路、望园路(范围待定)
	南汇新城中心区	由北护城河、两港大道、东海大桥(芦潮引河)围合区域

（续表）

分类	区域	范　围
重要区域	金山城区	滨海国际旅游度假区：含现状城市沙滩，金山嘴渔村、滨海新片区、金山卫站城市综合体片区 金山行政与商业中心：由海芙路、卫阳南路、卫清东路、卫清西路、卫零路、卫零北路、龙航路围合区域
	乐高乐园度假区	位于金山北站南侧、亭枫公路北侧（范围待定）
	崇明城桥地区	由南横引河、宝岛路、长江岸线、三沙洪路围合区域
	朱家角古镇	由阁游路、黄家埭路、港周路、酒龙路、祥凝浜路、珠溪路围合区域
	枫泾古镇	南至亭枫公路、东至白牛路、北至和平街（枫杰路）、西至北大街-南大街（为不规则区域）
	七宝古镇	以七宝老街为中心，分为南北两大街，位于七宝镇地区
	召稼楼古镇	位于沈杜公路、苏召路（为不规则区域）
	州桥老街	由清河路、博乐路、南大街、张马路、察院弄围合区域，在嘉定新城老城区范围内

附录 2　重要单体建（构）筑物

重要单体建（构）筑物指具备较高景观价值或有大量公众活动需求，对夜景构图、氛围体验有显著影响的独立载体，主要有以下几类：

1. 核心区域或重要区域内高于 100 米的公共建筑；市域范围高于 200 米的建筑。

2. 单栋地上面积大于 5 万平米的商业综合体、商场等商业建筑、会展建筑、交通枢纽建筑。

3. 公共文化设施、市级公共体育场馆。

4. 全国重点文物保护单位范围内的建筑。

5. 全国 5A、4A 级旅游景区。

附录 3　景观照明控制指标表

1. 核心区域景观照明控制指标表

用地性质	载体种类	载体分级	外滩	小陆家嘴	北外滩中央商务区	北外滩除中央商务区
Rr 住宅组团用地	住宅建筑	重要	CNUP	CMUP	CMUP	CNUP
		其他	DNUQ	DMUQ	DMUQ	DNUQ
Rc 社区级公共服务设施用地	社区公共建筑	重要	BNTP	BMSP	BMSP	BNSP
		其他	CNTP	CMTP	CMTP	CNTP
Rs 基础教育设施用地	基础教育建筑	重要	CNTQ	CMTQ	CMTQ	CNTQ
		其他	DNUR	DMUR	DMUR	DNUR
C1 行政办公用地	行政办公建筑	重要	ANTP	AMTP	AMTP	ANTP
		其他	BNTP	BMTP	BMTP	BNTP
C2 商业服务业用地	商业服务建筑	重要	ANTP	ALSP	AMSP	ANSP
		其他	BNTP	BLSP	BMSP	BNSP
C3 文化用地	博物馆、文化馆、音乐厅等	重要	ANTP	AMSP	AMSP	ANSP
		其他	BNTP	BMSP	BMSP	BNSP
C4 体育用地	体育场馆建筑	重要	AMTP	ALSP	ALSP	AMSP
		其他	BMTP	BLSP	BLSP	BMSP

（续表）

用地性质	载体种类	载体分级	外滩	小陆家嘴	北外滩中央商务区	北外滩除中央商务区
C5 医疗卫生用地	医疗卫生建筑	重要	BNTQ	BMTQ	BMTQ	BNTQ
		其他	CNUR	CMUR	CMUR	CNUR
C6 教育科研设计用地	教育科研建筑	重要	BNTP	BMTP	BMTP	BNTP
		其他	CNUQ	CMUQ	CMUQ	CNUQ
C7 文物古迹用地	文物(文保)建筑	重要	ANTP	AMTP	ANTP	ANTP
		其他	BNTP	BMTP	BNTP	BNTP
C8 商务办公用地	商务办公建筑	重要	ANTP	ALSP	ALSP	ANTP
		其他	BNTP	BLSP	BLSP	BNSP
C9 其他公共设施用地	其他公共建筑	重要	ANTP	ALSP	ALSP	ANSP
		其他	BNTP	BLSP	BLSP	BNSP
T 对外交通用地	码头、机场、车站等建筑	重要	ANTP	ALSP	ALSP	ANSP
		其他	BNTP	BLTP	BLTP	BNTP
S2 轨道站线用地	轨交站建筑	—	DNTP	DLTP	DMTP	DNTP
S4 公交场站用地	公交站点、建筑	—	DNTP	DLTP	DMTP	DNTP
G11 公园	公园、植物园、园林等	—	CNTQ	CMTQ	CMTQ	CNTQ
G12 街头绿地	沿路、沿河绿地	—	CNTP	CMSP	CMSP	CNSP
S51 交通广场用地	交通广场	—	CMTQ	CLTQ	CMTQ	CMTQ
S52 游憩集会广场用地	游憩集会广场	—	CNTP	CMSP	CMSP	CNSP

2. 黄浦江分区段景观照明指标表

用地性质	载体种类	分级	黄浦江西（北）岸												黄浦江东（南）岸								
			吴淞口-温藻浜河口	温藻浜河口-军工路码头（含）	军工路码头-定海路桥	定海路桥-杨浦大桥	杨浦大桥-秦皇岛路渡口	延安东路-秦皇岛路渡口	南浦大桥-延安东路轮渡	日晖港-南浦大桥	日晖港-徐浦大桥	徐浦大桥-上海电力海燃料公司（徐汇滨江）	上海电力燃料公司-闵浦大桥（含）	闵浦一桥-闵浦二桥	吴淞口-赵家沟	赵家沟-杨浦大桥	杨浦大桥-东昌路	东昌路-南浦大桥	南浦大桥-卢浦大桥	卢浦大桥-徐浦大桥	徐浦大桥-东岸南端	东岸南端-金汇港	金汇港-闵浦二桥
Rr 住宅组团用地	住宅建筑	重要	DNUP	DNUP	DNUP	DNUP	DNUP	DNUP	DNUP	CMUP	DNUP	DNUP	DNUP	DNUP	DNUP	DNUP	DNUP	DNUP	DNUP	DNUP	DNUP	DNUP	DNUP
		其他	ENUQ	ENUQ	ENUQ	ENUQ	ENUQ	ENUQ	ENUQ	ENUQ	ENUQ	ENUQ	ENUQ	ENUQ	ENUQ	ENUQ	ENUQ	ENUQ	ENUQ	ENUQ	ENUQ	ENUQ	ENUQ
Rc 社区级公共服务设施用地	社区级公共服务设施建筑	重要	CNTP	DNTP	CNTP	CNTP	CNTP	CNTP	CNTP	BMSP	CNTP	CNTP	CNTP	CNTP	CNTP	CMTP	CNTP	CNTP	CMTP	CNTP	CMTP	CNTP	CNTP
		其他	ENUQ	ENUQ	ENUQ	ENUQ	ENUQ	ENUQ	ENUQ	CMTP	ENUQ	ENUQ	ENUQ	ENUQ	ENUQ	ENUQ	CMTP	ENUQ	CMTP	ENUQ	CMTP	ENUQ	ENUQ
Rs 基础教育设施用地	基础教育建筑	重要	CNUQ	CNUQ	CNUQ	CNUQ	CNUQ	CNUQ	CNUQ	CMTP	CNUQ	CNUQ	CNUQ	CNUQ	CNUQ	CNUQ	CNUQ	CNUQ	CNUQ	CNUQ	CNUQ	CNUQ	CNUQ
		其他	ENUR	ENUR	ENUR	ENUR	ENUR	ENUR	ENUR	DMUR	ENUR	ENUR	ENUR	ENUR	ENUR	ENUR	ENUR	ENUR	DMUR	ENUR	DMUR	ENUR	ENUR
C1 行政办公用地	行政办公建筑	重要	CNUP	CNUP	CNUP	BNUP	BNUP	BNUP	CNUP	BMTP	CNUP	CNUP	CNUP	CNUP	CNUP	BMUP	BNUP	BMTP	BMUP	BNUP	BMUP	CNUP	CNUP
		其他	DNUQ	DNUQ	DNUQ	CNUQ	CNUQ	CNUQ	DNUQ	CMUQ	DNUQ	DNUQ	DNUQ	DNUQ	DNUQ	CMUQ	CNUQ	CMUQ	CMUQ	CNUQ	CMUQ	DNUQ	DNUQ
C2 商业服务业用地	商业服务业建筑	重要	BMSP	CMSP	BMSP	BMSP	BNSP	BNSP	BMSP	BMSP	BMSP	BMSP	CMTP	CMTP	CMSP	BMSP	BMSP	BMSP	BMSP	BMSP	BMSP	CMSP	CMSP
		其他	CMTP	DMTP	CMTP	CMTP	CMTP	CMTP	CMTP	CMTP	CMTP	CMTP	DMTP	DMTP	DMTP	CMTP	CMTP	CMTP	CMTP	CMTP	CMTP	DMTP	DMTP
C3 （一）文化用地	博物馆、文化馆、音乐厅等	重要	BMSP	CMSP	BMSP	BMSP	BNSP	BNSP	BMSP	BMSP	BMSP	BMSP	CMTP	CMTP	CMSP	BMSP	BMSP	BMSP	BMSP	BMSP	BMSP	CMSP	CMSP
		其他	CMTP	DMTP	CMTP	CMTP	CMTP	CMTP	CMTP	CMTP	CMTP	CMTP	DMTP	DMTP	DMTP	CMTP	CMTP	CMTP	CMTP	CMTP	CMTP	DMTP	DMTP
C （二）体育用地	体育场馆建筑	重要	BMSP	CMSP	BMSP	BMSP	BMSP	BMSP	BMSP	BMSP	BMSP	BMSP	CMTP	CMTP	CMSP	BMSP	BMSP	BMSP	BMSP	BMSP	BMSP	CMSP	CMSP
		其他	CMTP	DMTP	CMTP	CMTP	CMTP	CMTP	CMTP	CMTP	CMTP	CMTP	DMTP	DMTP	DMTP	CMTP	CMTP	CMTP	CMTP	CMTP	CMTP	DMTP	DMTP
C （三）医疗卫生用地	医疗卫生建筑	重要	CMTP	DMTP	CMTP	CMTP	CMTP	CMTP	CMTP	CMTQ	CMTQ	CMTQ	DMTQ	DMTQ	DMTQ	CMTP	CMTQ	CMTQ	CMTQ	CMTP	CMTQ	DMTP	DMTP
		其他	DMUR	EMUR	DMUR	DMUR	DMUR	DMUR	DMUR	DMUR	DMUR	DMUR	EMUR	EMUR	EMUR	DMUR	DMUR	DMUR	DMUR	DMUR	DMUR	EMUR	EMUR
C6 教育科研设计用地	教育科研科研设计建筑	重要	CMTP	DMTP	CMTP	CMTP	CMTP	CMTP	CMTP	CMTP	CMTP	CMTP	DMTP	DMTP	DMTQ	DMUP	CMTP	CMTP	CMTP	CMTP	CMTP	DMTP	DMTP
		其他	DMUQ	EMUQ	DMUQ	DMUQ	DMUQ	DMUQ	DMUQ	DMUQ	DMUQ	DMUQ	EMUQ	EMUQ	EMTQ	EMUQ	DMUQ	DMUQ	DMUQ	DMUQ	DMUQ	EMUQ	DMUQ
C （二）物古迹用地	文物（文保）建筑	重要	BNUP	CNTQ	BNUP	BNUP	BNUP	BNUP	BNUP	BNTP	BNUP	BNUP	CNUP	BNUP	CNTQ	BMUP	BNTP	BNTP	BNUP	BNUP	BNUP	CNTQ	BNUP
		其他	CNUQ	DNTQ	CNUQ	CNUQ	CNUQ	CNUQ	CNUQ	CNUQ	CNUQ	CNUQ	DNUQ	CNUQ	DNTQ	CMUQ	CNTQ	CNTQ	CNUQ	CNUQ	CNUQ	CNTQ	CNUQ

(续表)

用地性质	载体种类	分级	吴淞口-蕰藻浜河口	蕰藻浜河口-军工路码头(含)	军工路码头-定海路桥	定海路桥-杨浦大桥	杨浦大桥-秦皇岛路渡口	延安东路-南浦大桥	南浦大桥-日晖港	日晖港-徐浦大桥	上海电力燃料公司-闵浦大桥(徐汇滨江)	闵浦大桥-闵浦二桥	吴泾口-赵家家沟	赵家沟-杨浦大桥	杨浦大桥-东南路	东昌路-南浦大桥	南浦大桥-卢浦大桥	卢浦大桥-徐浦大桥	徐浦大桥-东岸南端	东岸南端-金汇港	金汇港-闵浦二桥
			黄浦江西(北)岸								黄浦江东(南)岸										
C8 商务办公用地	商务办公建筑	重要	BMSP	CMTP	CMTP	BMSP	BMTP	BMTP	BMSP	BLSP	BMTP	BMSP	CMTP	BMTP	BMSP	BMSP	BLSP	BLSP	CMTP	CMTP	CMTP
		其他	CMTP	DMTP	DMTP	CMTP	CMTP	CMTP	CMTP	CLSP	CMTP	CMTP	DMTP	CMTP	CMTP	CMTP	CLSP	CLSP	DMTP	DMTP	CMTP
C9 其他公共设施用地	其他公共建筑	重要	BMTP	CMTP	CMSP	BMTP	BNTP	BNTP	BMTP	BMTP	BMTP	BMTP	CMSP	BMTP	BMTP	BMTP	BMTP	BMTP	CMSP	CMSP	BMTP
		其他	CMTQ	DMTQ	DMTQ	CMTQ	CNTQ	CNTQ	CMTQ	CMTQ	CMTQ	CMTQ	DMTQ	CMTQ	CMTQ	CMTQ	CMTQ	CMTQ	DMTQ	DMTQ	CMTQ
T对外交通用地	码头、机场、车站等建筑	重要	BMTP	CMTP	CMTQ	BMTP	BNTP	BNTP	BMTP	BMTP	BMTP	BMTP	CMTQ	BMTP	BMTP	BMTP	BMTP	BMTP	CMTQ	CMTQ	BMTP
		其他	DMTQ	DMTQ	DMTQ	DMTQ	DNTQ	DNTQ	DMTQ	CMTQ	CMTQ	DMTQ	DMTQ	DMTQ	DMTQ	DMTQ	CMTQ	CMTQ	DMTQ	DMTQ	DMTQ
S6 综合交通枢纽用地	综合交通枢纽组团建构筑物	—	BMTP	CMTP	CMTQ	BMTP	BNTP	BNTP	BMTP	BMTP	BMTP	BMTP	CMTQ	BMTP	BMTP	BMTP	BMTP	BMTP	CMTQ	CMTQ	BMTP
S2 轨道交通站线用地	轨交站站线建筑	—	DMTP	EMTQ	EMTQ	DMTP	DNTP	DNTP	DMTP	DMTP	EMTQ	DMTP	EMTQ	DMTP	DMTP	DMTP	DMTP	DMTP	EMTQ	EMTQ	DMTP
S4 公交场站用地	公交站点、建筑	—	DMTP	EMTQ	EMTQ	DMTP	DNTP	DNTP	DMTP	DMTP	EMTQ	DMTP	EMTQ	DMTP	DMTP	DMTP	DMTP	DMTP	EMTQ	EMTQ	DMTP
G11 公园	公园、植物园、园林等	—	DMTQ	EMTQ	EMTQ	DMTQ	DNTQ	DNTQ	DMTQ	DMTQ	EMTQ	DMTQ	EMTQ	DMSP	CMSP	CMSP	CMSP	CMSP	EMTQ	EMTQ	DMTP
G12 街头绿地	沿路、沿河绿地	—	DMSP	DMTQ	DMTQ	DMSP	DNSP	DNSP	DMSP	DMSP	DMTQ	DMSP	DMTQ	DMTQ	DMTQ	DMTQ	DMTQ	DMTQ	DMTQ	DMTQ	DMSP
S51 交通广场用地	交通广场	—	DMTQ	DMTQ	DMTQ	DMTQ	DNTQ	DNTQ	DMTQ	DMTQ	DMTQ	DMTQ	DMTQ	DMSP	CMSP	CMSP	DMSP	DMSP	DMTQ	DMTQ	DMTQ
S52 游憩集会广场用地	游憩集会广场	—	DMSP	DMTQ	DMTQ	DMSP	DNSP	DNSP	DMSP	DMSP	DMTQ	DMSP	DMTQ	DMTQ	DMTQ	DMTQ	DMTQ	DMTQ	DMTQ	DMTQ	DMSP

注：参考"一江一河"相关规划，根据行政区划及区域功能定位、建设强度要求等划分上述区段。

3. 苏州河分区段景观照明指标表

用地性质	载体种类	载体分级	苏州河北岸							苏州河南岸						
			河口-河南中路	河南中路-长寿路	长寿路-中环路	中环路-泾阳路	泾阳路-外环路	外环路-嘉闵高架	嘉闵高架-G15吴淞江大桥	河口-成都北路	成都路-长寿路	长寿路-安远路	安远路-中环路	中环路-外环路	外环路-嘉闵高架	嘉闵高架-G15吴淞江大桥
Rr 住宅组团用地	住宅建筑	重要	DNUP	DNUP	DNUP	DNUP	DNUP	DNUP	DNUP	DNUP	DNUP	DNUP	DNUP	DNUP	DNUP	DNUP
		其他	ENUQ	ENUQ	ENUQ	ENUQ	ENUQ	ENUQ	ENUQ	ENUQ	ENUQ	ENUQ	ENUQ	ENUQ	ENUQ	ENUQ
Rc 社区级公共服务设施用地	社区公共建筑	重要	CNTP	CNTP	CNTP	CNTP	CNTP	DNTP	DNTP	CNTP	CNTP	CNTP	CNTP	CNTP	DNTP	CNTP
		其他	ENUQ	ENUQ	ENUQ	ENUQ	ENUQ	ENUQ	ENUQ	ENUQ	ENUQ	ENUQ	ENUQ	ENUQ	ENUQ	ENUQ
Rs 基础教育用地	基础教育建筑	重要	CNUQ	CNUQ	CNUQ	CNUQ	CNUQ	DNUQ	DNUQ	CNUQ	CNUQ	CNUQ	CNUQ	CNUQ	DNUQ	CNUQ
		其他	ENUR	ENUR	ENUR	ENUR	ENUR	ENUR	ENUR	ENUR	ENUR	ENUR	ENUR	ENUR	ENUR	ENUR
C1 行政办公用地	行政办公建筑	重要	BNUP	BNUP	BNUP	BNUP	BNUP	CNUP	CNUP	BNUP	BNUP	BNUP	BNUP	BNUP	CNUP	CNUP
		其他	CNUQ	CNUQ	CNUQ	CNUQ	CNUQ	DNUQ	DNUQ	CNUQ	CNUQ	CNUQ	CNUQ	CNUQ	DNUQ	DNUQ
C2 商业业务用地	商业服务建筑	重要	BNSP	BNSP	BMSP	BMSP	BMSP	CMSP	CMSP	BNSP	BNSP	BMSP	BMSP	BMSP	CMSP	BMSP
		其他	CNTP	CNTP	CMTP	CMTP	CMTP	DMTP	DMTP	CNTP	CNTP	CMTP	CMTP	CMTP	DMTP	CMTP
C3 文化用地	博物馆、文化馆、音乐厅等建筑	重要	BNSP	BNSP	BMSP	BMSP	BMSP	CMSP	CMSP	BNSP	BNSP	BMSP	BMSP	BMSP	CMSP	BMSP
		其他	CNTP	CNTP	CMTP	CMTP	CMTP	DMTP	DMTP	CNTP	CNTP	CMTP	CMTP	CMTP	DMTP	CMTP
C4 体育用地	体育场馆建筑	重要	BMSP	BMSP	BMSP	BMSP	BMSP	CMSP	CMSP	BMSP	BMSP	BMSP	BMSP	BMSP	CMSP	CMTP
		其他	CMTP	CMTP	CMTP	CMTP	CMTP	DMTP	DMTP	CMTP	CMTP	CMTP	CMTP	CMTP	DMTP	CMTP
C5 医疗卫生用地	医疗卫生建筑	重要	CNTQ	CNTQ	CMTQ	CMTQ	CMTQ	CMTQ	CMTQ	CNTQ	CNTQ	CMTQ	CMTQ	CMTQ	CMTQ	CMTQ
		其他	DNUR	DNUR	DMUR	DMUR	DMUR	DMUR	DMUR	DNUR	DNUR	DMUR	DMUR	DMUR	EMUR	DMUR
C6 教育科研用地	教育科研建筑	重要	CMTP	CMTP	CMTP	CMTP	CMTP	DMTQ	DMTQ	CMTP	CMTP	CMTP	CMTP	CMTP	DMTQ	CMTP
		其他	DMUQ	DMUQ	DMUQ	DMUQ	DMUQ	EMUR	EMUR	DMUQ	DMUQ	DMUQ	DMUQ	DMUQ	EMUQ	DMUQ
C7 文物与遗址用地	文物(文保)建筑	重要	BNUP	BNUP	BNUP	BNUP	BNUP	CNTQ	CNTQ	BNUP	BNUP	BNUP	BNUP	BNUP	CNTQ	BNUP
		其他	CNUQ	CNUQ	CNUQ	CNUQ	CNUQ	DNTQ	DNTQ	CNUQ	CNUQ	CNUQ	CNUQ	CNUQ	DNTQ	CNUQ

（续表）

用地性质	载体种类	载体分级	苏州河北岸							苏州河南岸						
			河口-河南中路	河南中路-长寿路	长寿路-中环路	中环路-泾阳路	泾阳路-外环路	外环路-嘉闵高架	嘉闵高架-G15吴淞江大桥	河口-成都北路	成都北路-长寿路	长寿路-安远路	安远路-中环路	中环路-外环路	外环路-嘉闵高架	嘉闵高架-G15吴淞江大桥
C8 商务办公用地	商务办公建筑	重要	BMTP	BMTP	BMTP	BMTP	BMTP	CMTP	CMTP	BMTP	BMTP	BMTP	BMTP	BMTP	CMTP	BMTP
		其他	CMTP	CMTP	CMTP	CMTP	CMTP	DMTP	DMTP	CMTP	CMTP	CMTP	CMTP	CMTP	DMTP	CMTP
C9 其他公共设施用地	其他公共建筑	重要	BNTP	BNTP	BMTP	BMTP	BMTP	CMTP	CMTP	BNTP	BNTP	BMTP	BMTP	BMTP	CMTP	BMTP
		其他	CNTQ	CNTQ	CMTQ	CMTQ	CMTQ	DMTQ	DMTQ	CNTQ	CNTQ	CMTQ	CMTQ	CMTQ	DMTQ	CMTQ
T 对外交通用地	码头、机场、车站等建筑	重要	BNTP	BNTP	BMTP	BMTP	BMTP	CMTQ	CMTQ	BNTP	BNTP	BMTP	BMTP	BMTP	CMTQ	BMTP
		其他	DNTQ	DNTQ	DMTQ	DMTQ	DMTQ	DMTQ	DMTQ	DNTQ	DNTP	DMTQ	DMTQ	DMTQ	DMTQ	DMTQ
S6 综合交通框组建构物用地	综合交通框组建构物	—	BNTP	BNTP	BMTP	BMTP	BMTP	CMTQ	CMTQ	BNTP	BNTP	BMTP	BMTP	BMTP	CMTQ	BMTP
S2 轨道站线用地	轨交站建筑	—	DNTP	DNTP	DMTP	DMTP	DMTP	EMTQ	EMTQ	DNTP	DNTP	DMTP	DMTP	DMTP	EMTQ	DMTP
S4 公交场站用地	公交站点、建筑	—	DNTP	DNTP	DMTP	DMTP	DMTP	EMTQ	EMTQ	DNTP	DNTP	DMTP	DMTP	DMTP	EMTQ	DMTP
G11 公园	公园、植物园、园林等	—	DNTQ	DNTQ	DMTQ	DMTQ	DMTQ	EMTQ	EMTQ	DNTQ	DNTQ	DMTQ	DMTQ	DMTQ	EMTQ	DMTQ
G12 街头绿地	沿路、沿河绿地	—	DNSP	DNSP	DMSP	DMSP	DMSP	DMTQ	DMSP	DNSP	DNSP	DMSP	DMSP	DMSP	DMTQ	DMSP
SS1 交通广场用地	交通广场	—	DNTQ	DNTQ	DMTQ	DMTQ	DMTQ	DMTQ	DMTQ	DNTQ	DNTQ	DMTQ	DMTQ	DMTQ	DMTQ	DMTQ
SS2 游憩集会广场用地	游憩集会广场	—	DNSP	DNSP	DMSP	DMSP	DMSP	DMTQ	DMSP	DNSP	DNSP	DMSP	DMSP	DMSP	DMTQ	DMSP

注：参考"一江一河"相关规划，根据行政区划及区域功能定位、建设强度要求等等划分上述区段。

4. 重要区域景观照明控制指标表 1(1/3)

用地性质	载体种类	载体分级	延安高架-世纪大道沿线	内环沿线	南北高架沿线	南京东路沿线	南京西路沿线	淮海中路沿线	四川北路沿线	人民广场地区	豫园地区	新天地地区	衡复风貌区	打浦桥地区	大宁商业中心地区	中环(真北)商业中心地区	虹桥古北商业中心地区	吴中路商业中心地区	中山公园地区	徐家汇地区
Rr 住宅组团用地	住宅建筑	重要	DNUP	DNUP	DNUP	DNUP	DNUP	DNUP	DNUP	DNUP	DNUP	DNUP	DNUP	DNUP	DNUP	DNUP	DNUP	DNUP	DNUP	DNUP
		其他	ENUQ	ENUQ	ENUQ	ENUQ	ENUQ	ENUQ	ENUQ	ENUQ	ENUQ	ENUQ	ENUQ	ENUQ	ENUQ	ENUQ	ENUQ	ENUQ	ENUQ	ENUQ
Rc 社区级公共设施用地	社区公共建筑	重要	CNTP	CNTP	CNTP	CNTP	CMTP	CMTP	CMTP	CNTP	CMTP	CMTP	CMTP	CMTP	CMTP	CMTP	CMTP	CMTP	CMTP	CMTP
		其他	ENUQ	ENUQ	ENUQ	ENUQ	EMUQ	EMUQ	EMUQ	ENUQ	EMUQ	EMUQ	EMUQ	EMUQ	EMUQ	EMUQ	EMUQ	EMUQ	EMUQ	EMUQ
Rs 基础教育施用地	基础教育建筑	重要	CNUQ	CNUQ	CNUQ	CNUQ	CNUQ	CNUQ	CNUQ	CNUQ	CNUQ	CNUQ	CNUQ	CNUQ	CNUQ	CNUQ	CNUQ	CNUQ	CNUQ	CNUQ
		其他	ENUR	ENUR	ENUR	ENUR	ENUR	ENUR	ENUR	ENUR	ENUR	ENUR	ENUR	ENUR	ENUR	ENUR	ENUR	ENUR	ENUR	ENUR
C1 行政办公用地	行政办公建筑	重要	BNUP	BNUP	BNUP	BNUP	BMUP	BMUP	BMUP	BNUP	BMUP	BMUP	BMUP	BMUP	BMUP	BMUP	BMUP	BMUP	BMUP	BMUP
		其他	CNUQ	CNUQ	CNUQ	CNUQ	CMUQ	CMUQ	CMUQ	CNUQ	CMUQ	CMUQ	CMUQ	CMUQ	CMUQ	CMUQ	CMUQ	CMUQ	CMUQ	CMUQ
C2 商业服务业用地	商业服务业建筑	重要	BMSP	BMSP	BMSP	BNSP	BMSP	BMSP	BMSP	BNSP	BMSP	BMSP	BMSP	BMSP	BMSP	BMSP	BMSP	BMSP	BMSP	BMSP
		其他	CMTP	CMTP	CMTP	CNTP	CMSP	CMSP	CMSP	CNTP	CMSP	CMSP	CMSP	CMSP	CMSP	CMSP	CMSP	CMSP	CMSP	CMSP
C3 文化用地	博物馆、文化馆、音乐厅等建筑	重要	BMSP	BMSP	BMSP	BNSP	BMSP	BMSP	BMSP	BNSP	BMSP	BMSP	BMSP	BMSP	BMSP	BMSP	BMSP	BMSP	BMSP	BMSP
		其他	CMTP	CMTP	CMTP	CNTP	CMSP	CMSP	CMSP	CNTP	CMSP	CMSP	CMSP	CMSP	CMSP	CMSP	CMSP	CMSP	CMSP	CMSP
C4 体育用地	体育场馆建筑	重要	BMSP	BMSP	BMSP	BNSP	BMSP	BMSP	BMSP	BMSP	—	—	BMSP	BMSP	BMSP	BMSP	BMSP	BMSP	BMSP	BMSP
		其他	CMTP	CMTP	CMTP	CMTP	CMTP	CMTP	CMTP	CMTP	—	—	CMTP	CMTP	CMTP	CMTP	CMTP	CMTP	CMTP	CMTP
C5 医疗卫生用地	医疗卫生建筑	重要	CMTQ	CMTQ	CMTQ	CMTQ	CMTQ	CMTQ	CMTQ	CNTQ	—	—	CNTQ	CNTQ	CMTQ	CMTQ	CMTQ	CMTQ	CMTQ	CMTQ
		其他	DMUR	DMUR	DMUR	DNUR	DMUR	DMUR	DMUR	DNUR	—	—	DNUR	DNUR	DMUR	DMUR	DMUR	DMUR	DMUR	DMUR
C6 教育科研设计用地	教育科研建筑	重要	CMTP	CMTP	CMTP	CMTP	CMTP	CMTP	CMTP	CMTP	—	—	CMTP	DMUQ	CMTP	CMTP	CMTP	CMTP	CMTP	CMTP
		其他	DMUQ	DMUQ	DMUQ	DMUQ	DMUQ	DMUQ	DMUQ	DMUQ	—	—	DMUQ	DMUQ	DMUQ	DMUQ	DMUQ	DMUQ	DMUQ	DMUQ
乙 文物适用地	文物(文保)建筑	重要	BNUP	BNUP	BNUP	BNUP	BNUP	BNUP	BNUP	BNUP	BNSP	BNTP	BNTP	BNTP	BNUP	BNUP	BNUP	BNUP	BNUP	BNUP
		其他	CNUQ	CNUQ	CNUQ	CNUQ	CNUQ	CNUQ	CNUQ	CNUQ	CNSP	CNUQ	CNUQ	CNUQ	CNUQ	CNUQ	CNUQ	CNUQ	CNUQ	CNUQ

（续表）

用地性质	载体种类	载体分级	延安高架-世纪大道沿线	内环沿线	南北高架沿线	南京东路沿线	南京西路沿线	淮海中路沿线	四川北路沿线	人民广场地区	豫园地区	新天地地区	衡复风貌区	打浦桥地区	大宁商业中心地区	中环(真北)商业中心地区	虹桥-古北商业中心地区	吴中路商业中心地区	中山公园地区	徐家汇地区
C8商务办公用地	商务办公建筑	重要	BMTP	BMTP	BMTP	BMTP	BMSP	BMSP	BMSP	BMTP	BMSP	BMTP	BMTP	BMTP	BMSP	BMSP	BMSP	BMSP	BMSP	BMSP
		其他	CMTP	CMTP	CMTP	CMTP	CMSP	CMSP	CMSP	CMTP	CMSP	CMTP	CMTP	CMTP	CMSP	CMSP	CMSP	CMSP	CMSP	CMSP
C9其他公共设施用地	其他公共建筑	重要	BMTP	BMTP	BMTP	BNTP	BMSP	BMSP	BMSP	BNTP	BMSP	BMTP	BMTP	BMTP	BMSP	BMSP	BMSP	BMSP	BMSP	BMSP
		其他	CMTQ	CMTQ	CMTQ	CNTQ	CMTQ	CMTQ	CMTQ	CNTQ	CMTQ	CMTQ	CMTQ	CMTQ	CMTQ	CMTQ	CMTQ	CMTQ	CMTQ	CMTQ
T对外交通用地	码头、机场、车站等建筑	重要	BMTP	BMTP	BMTP	BNTP	BMTP	BMTP	BMTP	BNTP	—	—	—	—	BMTP	BMTP	BMTP	BMTP	BMTP	BMTP
		其他	DMTQ	DMTQ	DMTQ	DNTQ	DMTQ	DMTQ	DMTQ	DNTQ	—	—	—	—	DMTQ	DMTQ	DMTQ	DMTQ	DMTQ	DMTQ
S6综合交通枢纽用地	综合交通枢纽建构筑物	—	BMTP	BMTP	BMTP	—	—	—	DMTP	DNTP	—	DMTP	DMTP	DMTP	DMTP	DMTP	DMTP	DMTP	DMTP	DMTP
S2轨道站线用地	轨交站建筑	—	DMTP	DMTP	DMTP	DNTP	DMTP	DMTP	DMTP	DNTP	DMTP	DMTP	DMTP	DMTP	DMTP	DMTP	DMTP	DMTP	DMTP	DMTP
S4公交场站用地	公交站点、建筑	—	DMTP	DMTP	DMTP	DNTP	DMTP	DMTP	DMTP	DNTP	DMTP	DMTP	DMTP	DMTP	DMTP	DMTP	DMTP	DMTP	DMTP	DMTP
G11公园	公园、植物园、园林等	—	DMTQ	DMTQ	DMTQ	DNTQ	DMTQ	DMTQ	DMTQ	DNTQ	DMTQ	DMTQ	DMTQ	DMTQ	DMTQ	DMTQ	DMTQ	DMTQ	DMTQ	DMTQ
G12绿地	沿路、沿河绿地	—	DMSP	DMSP	DMSP	DNSP	DMSP	DMSP	DMSP	DNSP	DMSP	DMSP	DMSP	DMSP	DMSP	DMSP	DMSP	DMSP	DMSP	DMSP
SS1交通广场用地	交通广场	—	DMTQ	DMTQ	DMTQ	DNTQ	DMTQ	DMTQ	DMTQ	DNTQ	DMTQ	DMTQ	DMTQ	DMTQ	DMTQ	DMTQ	DMTQ	DMTQ	DMTQ	DMTQ
SS2游憩集会广场用地	游憩集会广场	—	DMSP	DMSP	DMSP	DNSP	DMSP	DMSP	DMSP	DMSP	DMSP	DMSP	DMSP	DMSP	DMSP	DMSP	DMSP	DMSP	DMSP	DMSP

5. 重要区域景观照明控制指标表 2(2/3)

用地性质	载体种类	载体分类	国际旅游度假区	吴淞城市副中心	五角场城市副中心	真如城市副中心	虹桥城市副中心	莘庄城市副中心	花木-龙阳路城市副中心	张江城市副中心	金桥城市副中心	川沙城市副中心	铁路上海站地区	上海南站地区	上海站地区	上海西站地区	东方枢纽组地区	吴淞口国际邮轮码头地区	市北地区	虹桥前湾地区	南大智慧城地区
R 住宅组团用地	住宅建筑	重要	DNUP	DNUP	DNUP	DNUP	DNUP	DNUP	DNUP	DNUP	DNUP	DNUP	DNUP	DNUP	DNUP	DNUP	DNUP	DMUP	DMUP	DMUP	DMUP
		其他	ENUQ	ENUQ	ENUQ	ENUQ	ENUQ	ENUQ	ENUQ	ENUQ	ENUQ	ENUQ	ENUQ	ENUQ	ENUQ	ENUQ	ENUQ	EMUQ	EMUQ	EMUQ	EMUQ
Rc 社区级公共设施用地	社区公共建筑	重要	CMTP	CMTP	CMTP	CMTP	CMTP	CMTP	CMTP	CMTP	CMTP	CMTP	CMTP	CMTP	CMTP	CMTP	CMTP	CMTP	CMTP	CMTP	CMTP
		其他	EMUQ	EMUQ	EMUQ	EMUQ	EMUQ	EMUQ	EMUQ	EMUQ	EMUQ	EMUQ	EMUQ	EMUQ	EMUQ	EMUQ	EMUQ	EMUQ	EMUQ	EMUQ	EMUQ
Rs 基础教育用地	基础教育建筑	重要	CNUQ	CNUQ	CNUQ	CNUQ	CNUQ	CNUQ	CNUQ	CNUQ	CNUQ	CNUQ	CNUQ	CNUQ	CNUQ	CNUQ	CNUQ	CMUQ	CMUQ	CMUQ	CMUQ
		其他	ENUR	ENUR	ENUR	ENUR	ENUR	ENUR	ENUR	ENUR	ENUR	ENUR	ENUR	ENUR	ENUR	ENUR	ENUR	EMUR	EMUR	EMUR	EMUR
C1 行政办公用地	行政办公建筑	重要	BMUP	BMUP	BMUP	BMUP	BMUP	BMUP	BMUP	BMUP	BMUP	BMUP	BMUP	BMUP	BMUP	BMUP	BMUP	BMUP	BMUP	BMUP	BMUP
		其他	CMUQ	CMUQ	CMUQ	CMUQ	CMUQ	CMUQ	CMUQ	CMUQ	CMUQ	CMUQ	CMUQ	CMUQ	CMUQ	CMUQ	CMUQ	CMUQ	CMUQ	CMUQ	CMUQ
C2 商业服务业用地	商业服务业建筑	重要	BMSP	BMSP	BMSP	BMSP	BMSP	BMSP	BMSP	BMSP	BMSP	BMSP	BMSP	BMSP	BMSP	BMSP	BMSP	BMSP	BMSP	BMSP	BMSP
		其他	CMSP	CMSP	CMSP	CMSP	CMSP	CMSP	CMSP	CMSP	CMSP	CMSP	CMSP	CMSP	CMSP	CMSP	CMSP	CMSP	CMSP	CMSP	CMSP
C3 文化用地	博物馆、文化馆、音乐厅等建筑	重要	BMSP	BMSP	BMSP	BMSP	BMSP	BMSP	BMSP	BMSP	BMSP	BMSP	BMSP	BMSP	BMSP	BMSP	BMSP	BMSP	BMSP	BMSP	BMSP
		其他	CMTP	CMTP	CMTP	CMTP	CMTP	CMTP	CMTP	CMTP	CMTP	CMTP	CMTP	CMTP	CMTP	CMTP	CMTP	CMTP	CMTP	CMTP	CMTP
C4 体育用地	体育场馆建筑	重要	BMSP	BMSP	BMSP	BMSP	BMSP	BMSP	BMSP	BMSP	BMSP	BMSP	BMTP	BMTP	BMTP	BMTP	BMTP	BLTP	BLTP	BLTP	CMTP
		其他	CMTP	CMTP	CMTP	CMTP	CMTP	CMTP	CMTP	CMTP	CMTP	CMTP	CMTP	CMTP	CMTP	CMTP	CMTP	CLTP	CLTP	CLTP	CLTP
C5 医疗卫生用地	医疗卫生建筑	重要	CMTQ	CMTQ	CMTQ	CMTQ	CMTQ	CMTQ	CMTQ	CMTQ	CMTQ	CMTQ	CMTQ	CMTQ	CMTQ	CMTQ	CMTQ	CLTP	CLTP	CLTP	CLTP
		其他	DMUR	DMUR	DMUR	DMUR	DMUR	DMUR	DMUR	DMUR	DMUR	DMUR	DMUR	DMUR	DMUR	DMUR	DMUR	DMUR	DMUR	DMUR	DMUR
C6 教育科研用地	教育科研建筑	重要	CMTP	CMTP	CMTP	CMTP	CMTP	CMTP	CMTP	CMTP	CMTP	CMTP	CMTP	CMTP	CMTP	CMTP	CMTP	CMTP	CMTP	CMTP	CMTP
		其他	DMUQ	DMUQ	DMUQ	DMUQ	DMUQ	DMUQ	DMUQ	DMUQ	DMUQ	DMUQ	DMUQ	DMUQ	DMUQ	DMUQ	DMUQ	DMUQ	DMUQ	DMUQ	DMUQ
C7 文物古迹用地	文物保护建筑	重要	BNUP	BNUP	BNUP	BNUP	BNUP	BNUP	BNUP	BNUP	BNUP	BNUP	BNUP	BNUP	BNUP	BNUP	BNUP	BMUP	BMUP	BMUP	BMUP
		其他	CNUQ	CNUQ	CNUQ	CNUQ	CNUQ	CNUQ	CNUQ	CNUQ	CNUQ	CNUQ	CNUQ	CNUQ	CNUQ	CNUQ	CNUQ	CMUQ	CMUQ	CMUQ	CMUQ

（续表）

用地性质	载体种类	载体分级	国际旅游度假区	吴淞城市副中心	五角场城市副中心	黄兴城市副中心	虹桥城市副中心	莘庄市副中心	花木-龙阳路城市副中心	张江城市副中心	金桥城市副中心	川沙城市副中心	铁路上海站地区	上海南站地区	上海站地区	上海宝山站地区	东方枢纽地区	吴淞口国际邮轮码头地区	市北地区	虹桥前湾地区	南大智慧城地区
C8商务办公用地	商务办公建筑	重要	BMSP	BMTP	BMTP	BMTP	BMTP	BMTP	BMTP	BMTP	BMTP	BMTP	BMTP	BMTP	BMTP	BMTP	BMTP	BLTP	BLTP	BLTP	BLTP
		其他	CMSP	CMTP	CMTP	CMTP	CMTP	CMTP	CMTP	CMTP	CMTP	CMTP	CMTP	CMTP	CMTP	CMTP	CMTP	CLTP	CLTP	CLTP	CLTP
C9其他公共设施用地	其他公共建筑	重要	BMSP	BMTP	BMTP	BMTP	BMTP	BMTP	BMTP	BMTP	BMTP	BMTP	BMTP	BMTP	BMTP	BMTP	BMTP	BMTP	BMTP	BMTP	BMTP
		其他	CMTQ	CMTQ	CMTQ	CMTQ	CMTQ	CMTQ	CMTQ	CMTQ	CMTQ	CMTQ	CMTQ	CMTQ	CMTQ	CMTQ	CMTQ	CMTQ	CMTQ	CMTQ	CMTQ
T对外交通运输用地	码头、机场、车站等建筑	重要	BMTP	BMTP	BMTP	BMTP	BMTP	BMTP	BMTP	BMTP	BMTP	BMTP	BMTP	BMTP	BMTP	BMTP	BMTP	BLTP	BLTP	BLTP	BLTP
		其他	DMTQ	DMTQ	DMTQ	DMTQ	DMTQ	DMTQ	DMTQ	DMTQ	DMTQ	DMTQ	DMTQ	DMTQ	DMTQ	DMTQ	DMTQ	DLTQ	DLTQ	DLTQ	DLTQ
S6综合交通枢纽用地	综合交通枢纽组建筑物	—	—	BMTP	—	—	BMTP	—	—	—	—	—	BMTP	BMTP	BMTP	BMTP	BMTP	—	—	—	—
S2轨道站线用地	轨交站建筑	—	DMTP	DMTP	DMTP	DMTP	DMTP	DMTP	DMTP	DMTP	DMTP	DMTP	DMTP	DMTP	DMTP	DMTP	DMTP	DMTP	DMTP	DMTP	DMTP
S4公交场站用地	公交站点、建筑	—	DMTP	DMTP	DMTP	DMTP	DMTP	DMTP	DMTP	DMTP	DMTP	DMTP	DMTP	DMTP	DMTP	DMTP	DMTP	DMTP	DMTP	DMTP	DMTP
G11公园	公园、植物园、园林等	—	DMTQ	DMTQ	DMTQ	DMTQ	DMTQ	DMTQ	DMTQ	DMTQ	DMTQ	DMTQ	DMTQ	DMTQ	DMTQ	DMTQ	DMTQ	DMTQ	DMTQ	DMTQ	DMTQ
G12防护绿地	沿路、沿河绿地	—	DMSP	DMSP	DMSP	DMSP	DMSP	DMSP	DMSP	DMSP	DMSP	DMSP	DMSP	DMSP	DMSP	DMSP	DMSP	DMSP	DMSP	DMSP	DMSP
SS1交通广场用地	交通广场	—	DMTQ	DMTQ	DMTQ	DMTQ	DMTQ	DMTQ	DMTQ	DMTQ	DMTQ	DMTQ	DMTQ	DMTQ	DMTQ	DMTQ	DMTQ	DMTQ	DMTQ	DMTQ	DMTQ
SS2游憩集会广场用地	游憩集会广场	—	DMSP	DMSP	DMSP	DMSP	DMSP	DMSP	DMSP	DMSP	DMSP	DMSP	DMSP	DMSP	DMSP	DMSP	DMSP	DMSP	DMSP	DMSP	DMSP

6. 重要区域景观照明控制指标表 3(3/3)

用地性质	载体种类	载体质分级	桃浦智创城地区	七宝地区	嘉定新城(除老城)	青浦新城(除老城)	松江新城(除老城)	奉贤新城(除老城)	南汇新城	嘉定老城	青浦老城	松江老城	奉贤老城	朱家角古镇	金山行政与商业中心	金山滨海海国际旅游度假区	崇明陈桥地区	安亭板块组地区	金山板块组地区
Rr住宅组团用地	住宅建筑	重要	DMUP	DNUP	DNUP	DNUP	DNUP	DNUP	DMUP	DNUQ	DNUQ	DNUQ	DNUQ	DNUQ	DNUP	DMUP	DNUP	DNUP	DNUP
		其他	EMUQ	ENUQ	ENUQ	ENUQ	ENUQ	ENUQ	EMUQ	ENUR	ENUR	ENUR	ENUR	ENUR	ENUQ	EMUQ	ENUQ	ENUQ	ENUQ
Rc社区级公共服务设施用地	社区公共建筑	重要	CMTP	CNTP	DMTP	DMTP	DMTP	DMTP	DMTP	DNTP	DNTQ	DNTQ	DNTQ	DNTQ	DMTP	DMTP	DMTP	CMTP	CMTP
		其他	EMUQ	ENUQ	EMUQ	EMUQ	EMUQ	EMUQ	EMUQ	ENUR	ENUR	ENUR	ENUR	ENUR	EMUQ	EMUQ	EMUQ	EMUQ	EMUQ
Rs基础教育用地	基础教育建筑	重要	CMUQ	CNUQ	DNUQ	DNUQ	DNUQ	DNUQ	DMUQ	DNTQ	DNTQ	DNTQ	DNTQ	DNTQ	DMUQ	DMUQ	DMUQ	CNUQ	CNUQ
		其他	EMUR	ENUR	ENUR	ENUR	ENUR	ENUR	EMUR	ENUR	ENUR	ENUR	ENUR	ENUR	EMUR	EMUR	ENUR	ENUR	ENUR
C1行政办公用地	行政办公建筑	重要	BMUP	BNUP	CMUP	CMUP	CMUP	CMUP	CMUP	CNUP	CNUP	CNUP	CNUP	CNUP	CMUP	CMUP	CMUP	BMUP	BMUP
		其他	CMUQ	CNUQ	DMUQ	DMUQ	DMUQ	DMUQ	DMUQ	DNUQ	DNUQ	DNUQ	DNUQ	DNUQ	DMUQ	DMUQ	DMUQ	CMUQ	CMUQ
C2商业服务业设施用地	商业服务业建筑	重要	BMSP	BNSP	CMSP	CMSP	CMSP	CMSP	CMSP	CNUP	CNUP	CNUP	CNUP	CNUP	CMSP	CMSP	CMSP	BMSP	BMSP
		其他	CMSP	CNTP	DMSP	DMSP	DMSP	DMSP	DMSP	DNSTQ	DNSTQ	DNSTQ	DNSTQ	DNSTQ	DMSP	CLSP	DMSP	CMSP	CMSP
C3文化用地	博物馆、文化馆、音乐厅等建筑	重要	BMSP	BNSP	CMSP	CMSP	CMSP	CMSP	CMSP	CNTQ	CNTQ	CNTQ	CNTQ	CNTQ	CMSP	CLSP	CMSP	BMSP	BMSP
		其他	BLTP	BMSP	CMTP	CMTP	CMTP	CMTP	DLTP	CNTQ	CNTQ	CNTQ	CNTQ	CNTQ	CMSP	DL.TP	DMTP	CMTP	CMTP
C5体育用地	体育场馆建筑	重要	CLTP	CMTP	CMTP	CMTP	CMTP	CMTP	CMTP	DNTQ	DNTQ	DNTQ	DNTQ	DNTQ	CMTP	CL.TP	DMTP	CMTP	CMTP
		其他	CMTQ	CNTQ	DMTQ	DMTQ	DMTQ	DMTQ	DMTQ	ENUR	ENUR	ENUR	ENUR	ENUK	DMTQ	DMUR	DMTQ	CMTQ	CMTP
C6医疗卫生用地	医疗卫生建筑	重要	DMUR	DMUR	DMUR	DMUR	DMUR	DMUR	DMUR	DNTQ	DNTQ	DNTQ	DNTQ	DNTQ	DMUR	DMUR	DMUR	DMUR	DMUR
		其他	CMTP	CMTP	CMTP	CMTP	CMTP	CMTP	CL.TP	CNTP	CNTP	CNTP	CNTP	CMTP	CMTP	CL.TP	CMTP	CMTP	CMTP
C6教育科研设计用地	教育科研建筑	重要	DMUQ	DMUQ	DMUQ	DMUQ	DMUQ	DMUQ	DLUQ	DNTP	DNTP	DNTP	DNTP	DNUP	DMUQ	DLUQ	DMUQ	DMUQ	DMUQ
		其他	BMUP	BNUP	CNUP	CNUP	CNUP	CNUP	CMUP	ENUR	ENUR	ENUR	ENUR	ENUR	CNUP	CMUP	CNUP	ENUP	ENUP
C7文物古迹用地	文物(文保)建筑	重要	CMUQ	CNUQ	DNUQ	DNUQ	DNUQ	DNUQ	DMUQ	ENUR	ENUR	ENUR	ENUR	ENUR	DNUQ	DMUQ	DNUQ	CNUQ	CNUQ

（续表）

用地性质	载体种类	载体分级	桃浦智创城地区	七宝地区	嘉定新城（除老城）	青浦新城（除老城）	松江新城（除老城）	奉贤新城（除老城）	南汇新城	嘉定老城	青浦老城	松江老城	奉贤老城	朱家角古镇	金山行政与商业中心	金山滨海国际旅游度假区	崇明城桥地区	安亭枢纽地区	金山枢纽地区
C8 商务办公用地	商务办公建筑	重要	BLTP	BMTP	CMTP	CMTP	CMTP	CMTP	CLTP	CMTP	CMTP	CMTP	CMTP	CMTP	CMTP	CLTP	CMTP	BMTP	BMTP
		其他	CLTP	CMTP	DMTP	DMTP	DMTP	DMTP	DLTP	DMUQ	DMUQ	DMUQ	DMUQ	DMUQ	DMTP	DLTP	DMTP	CMTP	CMTP
C9 其他公共设施用地	其他公共建筑	重要	BMTP	BNTP	CMTP	CMTP	CMTP	CMTP	CMTP	CMTP	CMTP	CMTP	CMTP	CMTP	CMTP	CMTP	CMTP	BMTP	BMTP
		其他	CMTQ	CNTQ	DMTQ	DMTQ	DMTQ	DMTQ	DMTQ	DMTQ	DMTQ	DMTQ	DMTQ	DMTQ	DMTQ	DMTQ	DMTQ	CMTQ	CMTQ
T 对外交通用地	码头、机场、车站等建筑	重要	BLTP	BNTP	CMTP	CNTP	CMTP	CMTP	CLTP	CNTP	CNTP	CNTP	CNTP	CNTP	CMTP	CLTP	CLTP	BMTP	BMTP
		其他	DLTQ	DNTQ	DMTQ	DMTQ	DMTQ	DMTQ	DLTQ	DNUR	DNUR	DNUR	DNUR	DNUR	DMTQ	DLTQ	DMTQ	DMTQ	DMTQ
S6 综合交通枢纽组团用地	综合交通枢纽建构筑物	—	—	—	—	—	—	DMTP	DMTP	—	—	—	—	—	—	—	—	BMTP	BMTP
S2 轨道站线用地	轨交站建筑	—	DMTP	DNTP	DMTP	DMTP	DMTP	DMTP	DMTP	DNUQ	DNUQ	DNUQ	DNUQ	—	DMTP	DMTP	DMTP	DMTP	DMTP
S4 公交场站用地	公交站点、建筑	—	DMTP	DNTP	DMTP	DMTP	DMTP	DMTP	DMTP	ENUR	ENUR	ENUR	ENUR	ENUR	DMTP	DMTP	DMTP	DMTP	DMTP
G11 公园	公园、植物园、园林等	—	DMTQ	DNTQ	DMTQ	DMTQ	DMTQ	DMTQ	DMTQ	EMTQ	EMTQ	EMTQ	EMTQ	EMTQ	DMTQ	DMTQ	DMTQ	DMTQ	DMTQ
G12 绿地	沿路、沿河绿地	—	DMSP	DMSP	DMSP	DMSP	DMSP	DMSP	DMSP	DMTQ	DMTQ	DMTQ	DMTQ	DMTQ	DMSP	DMSP	DMSP	DMSP	DMSP
SS1 交通广场用地	交通广场	—	DMTQ	DNTQ	DMTQ	DMTQ	DMTQ	DMTQ	DMTQ	DNTQ	DNTQ	DNTQ	DNTQ	DNTQ	DMTQ	DMTQ	DMTQ	DMTQ	DMTQ
SS2 游憩集会广场用地	游憩集会广场	—	DMSP	DMSP	DMSP	DMSP	DMSP	DMSP	DMSP	DNTQ	DNTQ	DNTQ	DNTQ	DNTQ	DMSP	DMSP	DMSP	DMSP	DMSP

附录4　名词解释

15分钟社区生活圈:是上海打造社区生活的基本单元,即在15分钟步行可达范围内,配备生活所需的基本服务功能与公共活动空间,形成安全、友好、舒适的社会基本生活平台。

一环两高架:指内环高架路及延安高架路、南北高架路。

景观照明建成率:区域内重要建(构)筑物、公共空间、绿道、桥梁、滨水驳岸等景观照明的已建成数量占应建数量的百分比。

节能灯具使用率:使用LED等高效节能光源灯具的百分比。

景观照明集中控制纳控率:指核心区域、重要区域和单体建(构)筑物的景观照明已纳入市、区景观照明集中控制系统数量占应纳入数量的百分比。

永不拓宽的风貌保护马路:必须原汁原味保护的一类保护对象,道路规划红线宽度、道路转弯半径、道路断面形式应当保持现状或恢复历史上的道路红线宽度和道路转弯半径,不得拓宽或压缩。

"落叶不扫"景观道:指在秋季落叶期间,选择景观道路不去清扫、破坏道路上落叶形成的自然风景,但也并非任由其杂乱铺陈,环卫工人每天都会对景观道略进行精细化保洁,通过人工捡拾等手段,确保没有垃圾混迹其中,让市民能够享受到纯粹的落叶美景。

健康照明:指符合人体生理和心理需求的照明方式,通过科学设定照度、照度分布、色温、显色性、频闪、变化节律等照明指标,营造有益于人们身心健康的光环境。

碳足迹:指衡量人类活动中释放的,或是在产品、服务的整个生命周期中累计排放的二氧化碳和其他温室气体的总量。

6. 上海市住房和城乡建设管理委员会关于批准发布《上海市绿化市容工程养护维修估算指标 第五册景观照明(SHA2-42(05)-2024)(试行)》的通知

各有关单位:

为进一步完善本市建设工程计价依据,满足本市景观照明设施养护维修的计价需求,根据市住房城乡建设管理委《2022 年度上海市工程建设及城市基础设施养护维修定额编制计划》(沪建标定〔2021〕479 号)及《上海市建设工程定额体系表(2020 版)》(沪建标定〔2020〕794 号),由上海市建筑建材业市场管理总站组织编制的《上海市绿化市容工程养护维修估算指标 第五册景观照明(SHA2-42(05)-2024)(试行)》已完成编写并通过专家评审,现予以批准发布,自 2024 年 10 月 1 日起实施。

本次发布的定额由市住房城乡建设管理委负责管理,由市建筑建材业市场管理总站负责组织实施和解释。

　特此通知。

2024 年 8 月 2 日

上海市住房和城乡建设管理委员会办公室
2024 年 8 月 12 日印发

7. 上海市景观照明技术规范

依据《上海市市容环境卫生管理条例》《上海市环境保护条例》《上海市景观照明管理办法》制定本规范。在本市设置景观照明除遵守国家和本市有关管理规定外，还应当遵守本规范。本规范为上海市景观照明设计、施工、验收和运行维护等提供管理依据。

本规范由上海市绿化和市容管理局组织编制。

本规范由上海市绿化和市容管理局负责解释。

本规范的附录 A 为规范性附录，附录 B 为资料性附录。

1 范围

本规范规定了城市景观照明的总体要求、设计要求、设备要求、供配电要求、控制要求、施工要求、验收要求和运行维护要求。

本规范适用于上海市新建、改建和扩建的各类景观照明的建设和管理。

2 规范性引用文件

下列文件中的内容通过文中的规范性引用而构

成本规范必不可少的条款。其中,注日期的引用文件,仅该日期对应的版本适用于本规范;不注日期的引用文件,其最新版本(包括所有的修改单)适用于本规范。

GB/T 2900.71　电工术语　电气装置

GB 7000(所有部分)　灯具

GB/T 17045　电击防护　装置和设备的通用部分

GB 19510(所有部分)　灯的控制装置

GB/T 22239　信息安全技术　网络安全等级保护基本要求

GB/T 38439　室外照明干扰光测量规范

GB/T 39237—2020　LED 夜景照明应用技术要求

GB/Z 39942—2021　应用 GB/T 20145 评价光源和灯具的蓝光危害

GB/T 40250　城市景观照明设施防雷技术规范

GB 50034—2013　建筑照明设计标准

GB 50303　建筑电气工程施工质量验收规范

GB 51348—2019　民用建筑电气设计标准

JGJ/T 163—2008　城市夜景照明设计规范

3　术语和定义

GB/T 2900.71、GB 7000.1、GB/T 17045、GB 50034—

2013、GB 51348—2019 和 JGJ/T 163—2008 界定的以及下列术语和定义适用于本文件。

3.1　景观照明　landscape lighting

利用建(构)筑物及广场、公园、公共绿化等设置的,以装饰和造景为目的的户外人工光照。

3.2　光污染　light pollution

人工光的不利影响总称。

[来源:IEC 60050-845:2020,定义 845-29-177]

3.3　溢散光　spill light(spray light)

照明装置发出的光线中照射到被照目标范围外的部分光线。

3.4　干扰光　obtrusive light

由于光的数量、方向或光谱特性,在特定场合中引起人的不舒适、分散注意力或视觉能力下降的溢散光。

3.5　动态照明　dynamic lighting

通过对照明装置的光输出的控制形成场景明、暗或色彩等变化的照明方式。

3.6　上射光通比　upward light output ratio

当灯具安装在规定的设计位置时,灯具发射到水平面以上的光通量与灯具中全部光源发出的总光通量之比。

3.7　眩光　glare

由于视野中的亮度分布或亮度范围的不适宜,或存在极端的对比,以致引起不舒适感觉或降低观察细部或目标的能力的视觉现象。

3.8　媒体立面照明　media facade lighting

基于数字技术传达视觉信息,与建(构)筑物立面相结合的景观照明方式。

3.9　主波长　dominant wavelength

为一单色刺激的波长,该单色刺激与规定的非彩色刺激按适当比例相加混合,以与所考虑的色刺激相匹配。

3.10　激发纯度　excitation purity

在 CIE xy 色品图上,从等能白点(x＝0.333,y＝0.333)到光源色坐标点的距离与从等能白点到光源主波长点的距离之比。

3.11　IP 代码　IP code

表明外壳对人接近危险部件,防止固体异物或水进入的防护等级,并且给出与这些防护有关的附加信息的代码系统。

4　总体要求

4.1　设置景观照明应遵循以人为本、保护生态的原则,做到安全可靠、技术先进、低碳环保、运维方便、经济合理。

4.2 设置景观照明应注重整体艺术效果,与被照对象和所在区域的特征相协调,突出重点,创造舒适和谐、光色宜人的夜间光环境,并兼顾白天景观的视觉效果。

4.3 设置景观照明应控制溢散光、限制干扰光、防止光污染,慎用动态、彩色照明方式,保障人居环境健康。

4.4 设置景观照明应符合景观照明规划的要求,并宜与工程建设同步进行。

4.5 景观照明灯具应符合 GB 7000 的规定,控制装置应符合 GB 19510 的规定。

4.6 景观照明设置单位应定期开展巡检和维护工作,并根据景观照明区域的重要性确定巡检和维护的频率。照度、亮度、发光强度的测量应符合 GB/T 38439 的要求。

5 设计要求

5.1 设置要求

5.1.1 应根据亮度分区、风貌特征及周边环境等要素,统筹考虑。亮度分区应符合表 A.1 的要求。

5.1.2 设计文件应明确主要设备的技术参数和性能指标,宜编制干扰光限制专篇。

5.1.3 禁止设置直接射向住宅居室窗户的投光、激光等景观照明。在外滩、北外滩和小陆家嘴地区因营造光影效果确需投射的,市绿化市容行政管理部门应当合理控制光照投射时长、启闭时间,并向社会公布。

5.1.4 使用彩色光时,不宜使用禁忌色以及高对比度、高饱和度的颜色光,不宜同时出现三种及以上的颜色光。

5.1.5 下列情形不应设置景观照明设施:

a) 与交通、航运等标识信号灯易造成视觉上混淆的;

b) 容易对机动车、非机动车驾驶员和行人产生眩光干扰的;

c) 严重影响植物生长的;

d) 影响园林、古建筑等自然和历史文化遗产保护的;

e) 国家公园、自然保护区、天文台所在区域;

f) 市、区人民政府确定的禁设区域或载体;

g) 其他不适合设置景观照明设施的场所或部位。

5.2 建(构)筑物景观照明

5.2.1 外立面照明宜突出建筑墙、柱、檐、窗或屋顶等建筑构件的特色,灯具安装宜与构件融为一体。

5.2.2　被照物表面亮度不宜超过表 A.4 的规定。

5.2.3　媒体立面照明应满足下列要求:

a) 单、多层建筑或高层建筑裙房应采用间接照明方式或灯具发光面遮光/哑光处理,避免眩光;

b) 立面亮度指标应满足表 A.5 的要求。

5.2.4　商业、办公建筑宜采用内透光照明方式,宜与泛光照明结合,并通过照明控制切换场景实现夜景效果。

5.3　绿地及广场景观照明

5.3.1　设置在绿地中的景观照明应选择合理的照射方式和灯具安装位置,不应对动、植物生长产生不利影响。

5.3.2　花卉照明的光线宜由上而下,光源的显色指数 Ra 不宜小于 90。

5.3.3　除重大节日或经市政府批准的重大活动外,广场照明不宜采用动态、彩色照明。

5.4　河堤及桥梁景观照明

5.4.1　季节性或周期性水位变化不应对河堤或桥梁上的照明设备造成影响。

5.4.2　桥梁景观照明宜展现桥体自身的结构及造型。

5.5 道路景观照明

5.5.1 应根据道路等级、两侧建筑高度、景观物尺度和周边环境等因素确定照明方式,不应影响道路照明的诱导性。

5.5.2 道路两侧不宜采用动态照明。

5.5.3 隧道出入口不宜设置景观照明,隧道内和地下通道可设置景观照明。

5.6 临时节庆景观照明

5.6.1 应遵循可再循环利用的原则,避免浪费和造成环境污染。

5.6.2 因文旅、商业等活动需要设置临时节庆灯饰的,宜在本单位建筑用地范围内设置。需利用城市道路、绿化等设置的,应符合相关管理规定。

5.6.3 连续设置时间不宜超过 6 个月。

6 照明设备

6.1 电气安全要求

电气设备应有防止内部积水及水汽的设计,并应按照下列要求选择相应的外壳防护等级:

a) 室外安装的灯具防护等级不应低于 IP54,易被水淹的不应低于 IP67;

b) 埋地灯具防护等级应同时符合 IP65 和 IP67

要求；

c）安装在游泳池和喷泉的灯具防护等级应满足 GB/T 16895.19—2017 表 702.1 的规定；

d）室外照明配电箱、控制箱等的防护等级不应低于 IP55；

e）电气设备使用的接插件应满足 IP65 或 IP66 的要求。

6.2 温度和耐热要求

6.2.1 灯具的任何部件、灯具内的电源接线或者安装表面都不应达到有损安全的温度。其中,需操作的可调节部件的金属部件不应超过 60 ℃,非金属部件不应超过 75 ℃。

6.2.2 灯具的绝缘部件,应能承受异常工作条件下产生的过热,应能承受户外环境对材质性能产生的不利影响,且不能降低灯具的原有防护等级。

6.3 对人眼的防护要求

6.3.1 激光用于景观照明时,应严格控制光束的投射方向,避免对人眼造成危害。

6.3.2 白光灯具的视网膜蓝光危害应按照 GB/Z 39942—2021 进行评估,且风险组别不应超过 RG1。

6.4 光度要求

6.4.1 白光灯具的相关色温和色容差应符合表 1

的要求。

表1 白光灯具的色品参数

色调规格	色品参数			
	色坐标目标值		相关色温目标值 K	色容差
	x	y		
6 500 K(日光色)	0.313	0.337	6 430	≤5
5 000 K(中性白色)	0.346	0.359	5 000	
4 000 K(冷白色)	0.380	0.380	4 040	
3 500 K(白色)	0.409	0.394	3 450	
3 000 K(暖白色)	0.440	0.403	2 940	
2 700 K(白炽灯色)	0.463	0.420	2 720	

6.4.2 彩色光灯具的主波长范围和激发纯度限值应符合表2的要求。

表2 彩色光的主波长范围和激发纯度限值

颜　　色	红光	绿光	蓝光	黄光
主波长范围 nm	610～700	508～550	455～485	585～600
激发纯度限值 %	≥94	≥72	≥90	≥93

6.4.3 LED灯具的光效(灯具效能)应符合 GB/T 39237—2020 中 6.6 规定的要求。

6.5 机械性能要求

6.5.1 灯具的外壳抗外界机械冲击性能不应低

于 IK06。

6.5.2　可调节光源位置的灯具,应有锁紧装置。

6.5.3　高架道路、桥梁和隧道的灯具应能耐受在三个互相垂直的轴(x、y 和 z)上 3.0 g 加速度的振动。

6.5.4　室外灯具应能耐受大风,其中投光灯具应符合 GB 7000.7—2005 中 6.5 规定的要求。

7　供配电要求

7.1　供配电系统

7.1.1　系统设计应简单可靠,低压配电级数不宜超过三级。

7.1.2　供电电压宜为交流 220 V/380 V。

7.1.3　应安装独立电能计量表。

7.1.4　分支线路每一单相回路电流不宜超过 25 A,线路长度宜满足灯具端电压要求,并进行保护灵敏度校验。

7.1.5　重大节日或经市政府批准的重大活动必需的景观照明用电应有供电保障措施。

7.2　导线选择与线路敷设

7.2.1　三相配电线路的中性线截面积不应小于相线截面积,并应满足不平衡电流及谐波电流的要求。

7.2.2　配电线路应敷设在线槽或保护管内,不同电压等级的线路不应敷设在同一线槽或保护管内;当直接埋地敷设时,应采用铠装电缆。

7.2.3 末端配电回路应采用铜芯电缆,截面积不应小于 2.5 mm²。

7.3 接地、防雷与安全

7.3.1 系统接地形式应采用 TT 系统或 TN-C-S 系统或 TN-S 系统。

7.3.2 安装于建筑内的景观照明系统应与该建筑配电系统的接地形式一致;安装于室外的景观照明中部分设施置于距建筑外墙 20 m 以内范围的,应与室内系统的接地形式一致;全部设施均置于距建筑物外墙 20 m 以外的照明回路,宜采用 TT 接地形式。

7.3.3 景观照明设施的防雷设计应符合 GB/T 40250 的规定。

7.3.4 室外照明配电终端回路除应设短路保护、过负荷保护外,还应设置剩余电流动作保护电器作为附加防护。

7.3.5 电气设备的电击防护应符合 GB/T 17045 的规定。

7.3.6 配电箱内设置的进线总断路器应能同时断开相线和中性线。

7.3.7 照明设备所有带电部分应采用绝缘、遮拦或外护物保护,距地面 2.8 m 以下的照明设备应使用工具才能打开外壳进行光源维护。

7.3.8 室外配电箱不应设在低洼易积水处,箱底高出地面不应低于 200 mm,配电箱底座应采取封闭措施。

8 控制要求

8.1 本地照明控制

8.1.1 宜分区或分组控制,可采用时控、程控或智能控制等方式,并应具备手动控制功能。

8.1.2 宜设置平日、一般节假日、重大节日或经市政府批准的重大活动等不同的景观照明启闭控制模式。

8.1.3 采用智能控制时,除应具备分时、分区、分组控制及校时功能外,还应具备下列功能:

a) 启闭照明配电回路;

b) 调用和切换动态场景;

c) 监测灯光演绎变化的状态、模式、内容以及电流、电压、有功功率、无功功率、电能等电气参数;

d) 监测故障状态并存储故障信息;

e) 一键启闭、一键调用动态节目、一键切换亮灯模式。

8.1.4 智能控制系统宜使用符合 TCP/IP、DMX512-A 规范的标准协议,实现数据及控制指令的互联互通。

8.2 远程集中控制

8.2.1 系统应包括集中控制中心、通信网络和集中控制终端。

8.2.2 系统应能对各子系统的启闭、模式、整体效果实行统一控制。

8.2.3 核心区域、重要区域以及在重要单体建(构)筑物上设置的景观照明,应接入区、市两级系统,并实现系统之间数据、控制指令的互联互通。

8.2.4 集中控制中心应具备系统管理、设备管理、照明启闭、效果控制、数据管理、可视化管理、运维管理、统计分析、现场图像监控、数据交换等功能。

8.2.5 通信网络包括政务外网、数据专网及互联网。核心区域、重点区域和重要单体建(构)筑物的集中控制终端应采用数据专网接入,并应配置冗余链路。

8.2.6 集中控制终端应具备现场照明状态、能耗数据、报警数据采集与上传以及远程遥控启闭、场景设置、终端自动诊断与复位、终端参数远程下发等功能。

8.2.7 系统信息安全建设标准应不低于 GB/T 22239 规定的等级保护第二级的要求,集中控制中心与集中控制终端间数据通信应采用加密技术。

9 施工要求

9.1 工程施工前,施工单位应与设计单位、建设单位现场试灯,对主要灯具进行封样。

9.2 宜先进行样板段施工,确认施工方案、工艺、效果后再组织整体工程实施。

9.3 高空作业应编制专项施工方案并提交审批,施工现场应采取上、下看护措施,占用人行道时应搭设安全通道。

9.4 有行人或车辆通行的施工混合区域,应设置警戒线、安全围挡和安全警示照明。

9.5 有高空坠落风险的灯具、设备及其附件应设置防坠落装置。

9.6 从接线盒引出的线缆应穿管保护,线缆接头应做好防水措施。

9.7 控制系统的信号线与电源线宜分开敷设,当同管(槽)敷设时应采取隔离或屏蔽措施。主控器、分控器、灯具的配电回路应分开敷设。

9.8 工程调试宜分区、分段进行,按照从小到大、从部分到整体的顺序。宜按常态、节假日的照明控制模式进行调试和效果测试。

9.9 调试时应开启所有灯具,通电运行时间不小于 24 h,每 2 h 记录运行状态 1 次,连续运行时间内无故障,配电箱、柜内温度和噪声无异常。

9.10 景观照明设施的防雷施工应符合 GB/T 40250

的要求。

10 验收要求

10.1 验收环节包括隐蔽工程验收、初步验收、整体效果验收、竣工验收。

10.2 建设单位应依据设计文件及 GB 50303 的规定组织设计、施工等单位开展工程验收。

10.3 隐蔽工程覆盖前,应进行检查和验收。

10.4 根据施工进程,进行线缆、电气设备的绝缘测试和接地电阻测试。绝缘电阻值不应小于 0.5 MΩ,保护接地的交直流接地电阻值不应大于 4 Ω,独立防雷接地的交直流接地电阻值不应大于 10 Ω,并做好实时测试记录。

10.5 所有灯具设备安装完成且隐蔽工程验收合格后报送初步验收,初步验收合格后应进行通电试运行,编制试运行合格记录单。

10.6 由设计单位、施工单位共同对照明效果和控制系统开展整体调试,调试完成后由施工单位申报整体效果验收。

10.7 整体效果验收合格后,施工单位对项目安全、功能、观感进行检测核查并出具自检验收合格报告、编制竣工资料,申报竣工验收。

10.8 各阶段验收均应出具验收报告,并经建设单位签认后归档保管。有整改意见的,施工单位应根据整改意见编制整改方案并实施整改,整改结束后进行工程复验。

10.9 竣工验收合格并取得验收合格证后,施工单位应编制工程质量验收资料,经建设单位签认后存档保管。

10.10 工程质量验收资料应包括下列主要文件:

a) 工程中标通知书、施工合同;

b) 施工组织设计文件、竣工图和设计变更文件;

c) 开、竣工报告;

d) 材料报审单(含质量保证书、CCC 认证证书、合格证书和有关试验报告);

e) 各阶段施工验收资料;

f) 工程质量竣工报告(合格证明书);

g) 项目各子分部工程质量验收记录;

h) 工程质量竣工验收记录(竣工验收合格证);

i) 竣工图。

10.11 工程质量验收资料保管期宜为 8 年。

11 运行维护

11.1 一般要求

11.1.1 景观照明建设单位应定期对灯具、配电箱、控制箱、电气线路、防雷接地、控制系统进行检查,对发现的异常情况及时处置,并做好巡检记录。

11.1.2 景观照明设施维修应配备经岗位培训合格的巡检和维护人员。

11.1.3 在重大节日或经市政府批准的重大活动保障前,应对景观照明设施进行巡检。

11.1.4 应制定防台防汛应急预案。大风、暴雨、暴雪、雷电等极端天气前、后,应进行巡检,并安排专人值班,做好应急抢修车辆、设备、材料的准备。对发现存在安全隐患的,应及时整修、加固或者先行关闭、断电直至拆除,必要时派专人看护。

11.1.5 应在竣工验收后的 5 年～8 年内由建设单位组织评估,出具评估报告并依据评估结果采取相应措施。评估报告应包含亮灯效果、维保记录、设施控制和使用情况等内容,并应按照下列要求提供资料:

a) 现场踏勘景观照明设施现状、亮灯效果及周边环境图片和视频;提供实测光衰数据,与竣工验收时拆灯封样送检数据做比较;

b) 竣工验收后历年维保记录(应提供灯具产品标称寿命、质保期寿命、国家及行业标准寿命与实际 2 年、3 年、5 年、8 年分别替换率相关数据)和维护资金及使用情况(应提供整灯产品及电源的维修率和维修人工费

数据);

c) 设施使用情况(应提供开灯时间、表演频率、环境如雨淋、雨浸对设施寿命影响的情况);

d) 设施集中控制现状和动态效果表演情况。

11.2 灯具设施维护要求

11.2.1 应定期按照设计要求,对灯具设施存在的闪烁、光衰、色差等情况进行检查。

11.2.2 灯具设施定期巡检内容及维护要求应符合表3的规定。

表3 灯具设施定期巡检内容及维护要求

巡检内容	维护要求	巡检频率
灯具	无损坏、松动、形变、破损、腐蚀、脱落、漏电,出光口宜清洁无污染	每月1次,重大节日或经市政府批准的重大活动前
	无不亮、闪烁、缺色、光衰、色差	
	投射方向、角度、位置应符合设计要求	
固定支架	牢固可靠,无松动、锈蚀、移位、变形、脱落	每半年1次

11.3 配电箱、控制箱维护要求

11.3.1 应定期检查,维修部件的技术指标应满足设计要求。

11.3.2 配电箱、控制箱定期巡检内容及维护要求应符合表4的要求。

表 4　配电箱、控制箱定期巡检内容及维护要求

巡检内容	维护要求	巡检频率
箱体、箱门、门锁	门锁、涂层完好,箱体无变形、水浸、杂物	每季度1次及大风暴雨后
仪表、信号灯	齐全完好、指示正常、显示准确	每季度1次
熔断器、断路器、接触器	导线压接牢固,动作可靠准确	每半年1次
器件、接线端子	牢固可靠,布线整齐	每月1次

11.4　电气线路维护要求

11.4.1　更换电气线路所使用的管、线性能指标应满足设计要求。

11.4.2　电气线路定期巡检内容及维护要求应符合表5的要求。

表 5　电气线路定期巡检内容及维护要求

巡检内容	维护要求	巡检频率
电缆井	无积水、破损	每半年1次
电缆管(含钢管或线槽)	固定牢固可靠,无锈蚀、移位、破损	
电缆穿墙管	封堵密封、完好	
电缆支架	完整、牢固、可靠,无锈蚀,接地良好	
电缆	完整,无损伤	
可弯曲金属软管	无破损、松动	

11.5 防雷与接地维护要求

11.5.1 景观照明设施的防雷检测和维护应符合 GB/T 40250 的要求。

11.5.2 防雷与接地定期巡检内容及维护要求应符合表 6 的要求。

表 6 防雷与接地定期巡检内容及维护要求

巡检内容	维护要求	巡检频率
防雷装置检测	满足 GB/T 40250 规定	每年 1 次
灯具、箱体金属外壳、金属构件等与接地装置的连接检查	无松动、脱落、腐蚀	每半年 1 次,重大节日或经市政府批准的重大活动前
接闪器、引下线、等电位连接构件检查	无损伤、断裂、腐蚀、脱落	
电涌保护器检查	状态指示器正常、绝缘良好、无接触不良、无发热、无积尘过多	

11.6 控制系统维护要求

11.6.1 景观照明控制系统的技术指标应满足设计要求。

11.6.2 控制系统定期巡检内容及维护要求应符合表 7 的要求。

表7　控制系统定期巡检内容及维护要求

巡检内容	维护要求	检查频率
控制中心服务器、存储控制器、网络等设备	无故障、告警	每月1次
控制软件、操作系统、数据库及中间件	无卡顿，报错、响应及时	
	网络安全，无病毒入侵	
控制终端/视频终端	信号正常，无告警、报错；时间校准功能正常，误差不超过30 s	每季度1次
	外观无损坏、锈蚀、松动、进水	
	图像无黑屏、模糊、遮挡、水汽；视频无中断、重启、卡顿；聚焦、变焦、转动正常	
通讯网线、光纤线路	线缆无断裂、开裂、松动、衰减；通信链路传输正常，无丢包、延迟	每月1次

11.7　资料管理要求

11.7.1　应填写运行维护资料，由建设单位存档，资料保管期宜为8年。

11.7.2　景观照明设施维护记录表参见附录B，其中：

a)《故障维护记录表》见表 B.1；

b)《设备备案表》见表 B.2；

c)《灯具更换记录表》见表 B.3；

d)《配电箱(柜)及元器件更换记录表》见表 B.4；

e)《日常运行巡检记录表》见表 B.5；

f)《定期检查记录表》见表 B.6。

附录 A

（规范性）

亮度分区及要求和干扰光的限制

A.1 亮度分区及要求

A.1.1 景观照明亮度分区应根据环境亮度类型和景观照明规划及规划实施方案确定的区域进行划分,见表 A.1。

表 A.1 景观照明亮度分区

环境亮度类型	天然暗环境区域	暗环境区域	低亮度环境区域	中等亮度环境区域	高亮度环境区域
区域代号	E0	E1	E2	E3	E4
规划确定区域	禁设区域	禁设区域	一般区域	发展区域	核心区域、重要区域

注1:E0 区为天然暗环境区,国家公园、自然保护区和天文台所在区域等;
注2:E1 区为暗环境区,无人居住的乡村地区等;
注3:E2 区为低亮度环境区,低密度乡村居住区等;
注4:E3 区为中等亮度环境区,城乡居住区等;
注5:E4 区为高亮度环境区,城镇中心和商业区等。

A.1.2 景观照明被照对象的亮度与环境背景亮度的对比度宜为 3∶1～5∶1,需特别强调时的对比度不宜超过 10∶1。

A.2 干扰光的限制

A.2.1 设置景观照明应控制溢散光,以免形成干扰光。

A.2.2 为了限制干扰光,在进行景观照明设计时应符合下列要求:

a) 应合理选定照明标准值(照度/亮度),并对可能受到景观照明光干扰影响的对象进行分析和评估;

b) 应检查被照区域之外的光通量,评估其对环境的影响,选择技术合理、节能并对人和周围环境、建筑产生光干扰最小的方案;

c) 应根据各分区的具体情况,制定合理的景观照明启闭时段,合理筛选在关闭时段内仍需运行的兼具功能照明的景观照明灯具类型、数量,限制其光照强度,在节能减排和保护生态环境的同时,保障市民的夜间生活和出行安全;

d) 居住区的干扰光限制应采用居住空间窗户外表面的垂直照度和照明灯具朝居室方向的发光强度评价,并应符合 A.2.3 的规定;

e) 建筑立面的平均亮度应符合 A.2.4 的规定;

f) 媒体立面干扰光的限制应符合 A.2.5 的规定;

g) 在城市机动车道路两侧设置景观照明时,应避免对行人和驾驶员造成视觉干扰,并进行防眩光的分析和评价;

h) 在城市通航的河道两侧设置景观照明时,不应弱化通航标识的可视度,避免直射光以及水面反射光对航行船只的行驶安全造成影响。

A.2.3 对居室的影响应符合下列规定:

a) 居住空间窗户外表面上产生的垂直面照度不应大于表 A.2 的规定值。

表 A.2 居住空间窗户外表面的垂直照度最大允许值

单位为勒克斯

照明技术参数	应用条件	环境区域			
		E0 区、E1 区	E2 区	E3 区	E4 区
垂直面照度 EV	非熄灯时段	2	5	10	25
	熄灯时段	0 *	1	2	5
注:* 当有公共(道路)照明时,此值提高到 1 lx。					

b) 照明灯具朝居室方向的发光强度不应大于表 A.3 的规定值。

表 A.3 照明灯具朝居室方向的发光强度最大允许值

单位为坎德拉

照明技术参数	应用条件	环境区域			
		E0 区、E1 区	E2 区	E3 区	E4 区
灯具发光强度 I	非熄灯时段	2 500	7 500	10 000	25 000
	熄灯时段	0 *	500	1 000	2 500
注1:本表不适用于瞬时或短时间看到的灯具; 注2:当有公共(道路)照明时,此值提高到 500 cd。					

c) 当采用闪动的景观照明时,相应灯具朝居室方向的发光强度最大允许值不应大于表 A.3 中规定数值的 1/2。

A.2.4 建筑立面的平均亮度不应大于表 A.4 的规定值。

表 A.4 建筑立面的平均亮度最大允许值

单位:坎德拉每平方米

照明技术参数	应用条件	环境区域			
		E0 区、E1 区	E2 区	E3 区	E4 区
建筑立面亮度 1 Lb	被照面平均亮度	0	5	10	25

A.2.5 媒体立面干扰光的限制

A.2.5.1 媒体立面墙面的干扰光的限制应采用墙体表面的平均亮度限值和最大亮度限值评价。

A.2.5.2 媒体立面墙面的亮度限值不应超过表 A.5 的规定。

表 A.5 媒体立面墙面亮度限值

单位:坎德拉每平方米

表面亮度(白光)	环境区域			
	E0 区、E1 区	E2	E3	E4
表面平均亮度	—	8	15	25
表面最大亮度	—	200	500	1 000

A.2.5.3　对特别重要的景观建筑墙体表面,或强调远观效果的对象,表 A.5 中数值可相应提高 50%;对于使用动态效果的表面,限制应取表 A.5 中数值的 1/2。

附录 B
(资料性)
设 施 维 护 记 录

景观照明设施维护记录表见表 B.1～B.6。

表 B.1　故障维护记录表

故障现象:		
用户描述:		
现场勘探情况:		
故障分析:		
处理方法:		
备注:		
维修及改进建议:		
维修人员确认:	用户确认:	日期:

表 B.2　设备备案表

工程名称					
单位					
序号	设备材料名称	规格型号	单位	数量	备注
注:表中设备材料名称应包含灯具设备、箱变、配电柜、控制箱及电缆等内容。					
填表人:			归档日期:　　年　月　日		

表 B.3　灯具更换记录表

工程名称			
灯具	型号：		
	外壳材质：		
	配光：		
	电器附件：		
	功率(W)：		
	生产厂家：		
光源	类型	功率(W)	额定寿命(h)
	型号	色温(K)	显色性 R_a
灯具更换	位置		
	数量		
	更换时间		
	灯具图片	灯具实际更换照片	
备注			
更换人		检查人	归档日期
注：每类灯具一份表格。			

表 B.4　配电箱(柜)及元器件更换记录表

工程名称					
生产厂家					
设备名称					
设备描述	断路器(型号):				
	剩余电流动作保护器(型号):				
	交流接触器(型号):				
	浪涌保护器(型号):				
	时间控制开关(型号):				
	其他:				
更换位置					
更换方式					
更换日期					
系统图	(如图纸尺寸过大,请另附图纸)				
备注					
更换人		检查人		日期	

表 B.5 日常运行巡检记录表

工程名称					
序号	开启情况			亮灯率	备注
	平日	一般节假日	重大节日或经市政府批准的重大活动		
开启时间			关闭时间		
注:亮灯率:应按平日、一般节假日、重大节日或经市政府批准的重大活动各自模式下应亮灯数计算。					
检查人		记录人		检查日期	检查时间

8. 关于加强本市景观照明集中控制工作的意见(试行)

为充分运用现代科学技术,提高管理的有效性和及时性,提升本市景观照明精细化管理水平,更好地展示与卓越的全球城市定位相匹配的上海夜景形象,根据《上海市景观照明管理办法》制定本意见。

一、正确理解集中控制的内涵和意义

上海是全国率先运用智能控制技术管理景观照明的城市,经过二十多年的技术发展,当前景观照明集中控制已不仅是传统意义上的一键开灯、关灯,而是指通过开发集中控制系统,利用现代通信网络,对纳入控制系统的景观照明设施、控制装置的反馈信息、控制指令、基础数据等进行集中管理,实现对现场景观照明设施运行状态的采集、照明启闭的控制、照明模式和整体效果的动态管理。充分运用智能技术进行集中控制,是景观照明管理现代化的必然途径。通过集中控制,可以进一步提高对全市景观照明运行情况实时监测、数据统计、数据共享、数据分析、数据发布以及节能减排管理和应急处置的能力,全面提升本市景观照明的精细化管理能级。

二、正确把握集中控制工作的总体要求

市和区绿化市容部门应分别成立市、区景观照明集中控制中心(集中控制以下均简称为集控),负责市级、区级景观照明集控系统的建设、运行和日常维护工作;对跨行政区域的重要区域景观照明设施,由市绿化市容部门负责区域性集控系统建设,并纳入市景观照明集控中心运行管理。

市景观照明集控中心应当对区景观照明集控系统的建设、运行和维护进行指导。市景观照明集控中心应随时掌握区景观照明集控中心的集控工作执行情况,并加强对区景观照明集控中心集控工作的指导和考核。

市和区景观照明规划明确的核心区域、重要区域内以及重要单体建(构)筑物上设置的景观照明设施,应当按层级纳入景观照明集控系统。

市、区景观照明集控中心对所纳入的景观照明的启闭、照明模式、整体效果等实行统一控制,并采集景观照明开启时的运行数据信息(用电量、亮灯率、故障等),以满足精细化管理需要。

三、规范统一集中控制框架和技术要求

(一)集控框架

黄浦江两岸(徐浦大桥至吴淞口)、苏州河两岸(外

白渡桥至外环）、延安路高架沿线（中山东一路至 G50
七莘路）、南北高架沿线（济阳路华夏路立交至共和新路
中环立交）的景观照明设施,分别纳入黄浦江、苏州河两
岸和延安路高架、南北高架沿线景观照明集控系统,由
市景观照明集控中心实施集控,各区景观照明集控中心
予以配合。

市、区景观照明规划明确的其他重要区域内以及重
要单体建(构)筑物上设置的景观照明设施,纳入区景观
照明集控系统,由区景观照明集控中心实施集控,重要
节假日、重大活动保障期间,应当按照市绿化市容部门
的要求执行集控。

（二）技术要求

市、区及区域景观照明集控系统应具备如下基本
功能:

1.景观照明设施控制及数据采集功能。实现对景
观照明设施远程控制,支持一键启闭照明、一键调用节
目;可对亮灯计划、模式等参数进行设定;可支持按单
灯、单路或多路进行照明设施精细化控制;可支持按单
栋建筑或建筑群进行区域精细化控制;支持对动态景观
照明方案进行编制;支持景观照明设施回路状态、单灯
状态、设施工况、能耗等的数据采集;支持对异常状态报
警的采集及记录;支持景观照明实时视频监控图像的采

集、保存和上传。

2. 照明设施、终端数据管理功能。实现对景观照明灯具、控制终端、配电柜等设备的基础数据管理;实现对照明灯具、终端设施、供配电设施相关图纸、手册等电子文档管理;实现对景观照明灯具、设施运维流程、资料及运维台账管理;实现景观照明运行数据统计分析,可对亮灯率、设施故障率、建筑能耗、区域能耗等指标进行统计。

3. 照明设施、终端数据、图像展示功能。可通过2DGIS、3DGIS实现对景观照明设施实时数据、基础数据、统计分析数据进行融合展示;可通过数据报表、图形以及曲线等形式对动、静态数据进行呈现;支持通过显示器、投影机、拼接屏或高清LED屏等载体,对景观照明设施、终端数据及视频监控图像进行实时显示。

4. 数据交互功能。支持景观照明实时数据交互,包括回路开关状态、终端工作状态、能耗(功率、电量)数据、当日亮灯计划、异常及报警数据;支持景观照明基础数据交互,包括强弱电控制终端基础信息、电控柜基础信息、现场控制原理图、3DGIS/BIM模型数据等;支持实时视频图像数据交互,包括视频监控点基础信息以及实时视频监控图像。

市、区及区域景观照明集控系统建设时应考虑必要的信息安全防护措施,配置防火墙、安全审计设备等,对重点景观照明控制区域的控制终端接入应采用有线、无线专线接入,景观照明集控系统信息安全建设标准应不低于计算机信息系统安全保护等级(二级)相关要求。

市、区景观照明规划明确的核心区域、重要区域、重要单体建(构)筑物以及其他景观照明设施的控制终端设置应满足以下要求:

序号	照明区域及设施类型	控制终端配置
1	核心区域;重要区域和重要单体建(构)筑物的动态景观照明	A类终端,支持单灯动态控制功能
2	重要区域和重要单体建(构)筑物的静态景观照明	B类终端,支持多回路分路控制功能
3	其他区域	C类终端(一键启闭)

景观照明集控终端、电控柜建设应遵循标准化原则,宜统一控制回路数量,交接端子定义,形成标准化的图纸及实施方案。

四、依法有序推进集中控制工作

依据《上海市景观照明管理办法》《上海市景观照明总体规划》及各区相关规划、方案,对已建景观照明设施中应纳入集控系统的,应书面告知设施业主,并按照先重点、后一般原则做好纳控工作,做到应控尽控;对新建、改建景观照明设施,在规划资源部门征求绿化市容部门意见时,绿化市容部门应对建设方案及纳入集控提出相关要求,并在实施建设过程中同步做好纳控工作;对已纳入集控系统但尚不满足功能要求的景观照明设施,应先完成一键启闭功能改造,其他功能可视情逐步进行改造提升。

按照《上海市景观照明管理办法》和有关规划、方案,对已建的应纳入集控系统的景观照明设施,各区绿化市容部门要积极做好相关业主的工作,宣传政策法规,动员其纳入相应集控系统,协调无果的,移送城管执法部门依照《上海市景观照明管理办法》第二十二条处理。

对已建景观照明设施纳入集控系统必需的投入,由各区纳入景观照明建设维护资金统筹解决。

对已纳入景观照明集控系统、服从集控的景观照明设施,且符合《关于本市景观照明执行路灯电价管理实施细则》要求的,各区绿化市容部门要指导、协调业主通过履行相应手续享受优惠电价。对享受优惠电价后承担电费依然有困难的业主,各区可根据各自实际适当实施电费补贴。

各区绿化市容部门应加强纳入集控系统的景观照明设施运行情况的检查,对以各种理由与形式不服从集控的业主,经工作无效,应对其取消电费优惠,并会同电力部门要求其补交已经享受电费优惠部分的价款,直至移送城管执法部门依法处理。

五、逐步加强集中控制的运行管理

市、区景观照明集控中心可以通过购买服务的方式,委托具备相应资质和能力的单位负责集控系统的日常运行和维护。

市、区景观照明集控中心以及集控系统的日常运行和维护费用分别由市、区绿化市容部门对应解决。

市、区景观照明集控中心应当制订相应区域景观照明启闭方案,黄浦江、苏州河两岸和延安路高架、南北高架沿线等跨行政辖区的集控方案,由市景观照明集控中心制订并报经市绿化市容局同意(必要时由市绿化市容局报市领导同意)后执行,其他区域景观照明设施集控方案由各区景观照明集控中心制订,报经区绿化市容局审核同意并报市绿化市容局备案后执行。

市、区景观照明集控中心日常运行和维护中应确保集控系统设施外观整洁,设备安全可靠,系统运行正常、及时、有效,反馈信息准确等。

市、区景观照明集控中心应加强集控系统的网络安全管理,防止被非法入侵、篡改数据或者非法利用。

市、区景观照明集控中心应建立运行日志,每天详细记录集控中心运行情况、技术数据及亮灯率、各类故障及处置情况等信息,每月指定日前应分别向市、区绿化市容局报送上月度运行报告,遇有应急情况应随时报告。

附件

景观照明集中控制中心运行日志

值班日期			启闭时间		
值班人员					
检查时间	检查人	中心检查情况 （正常打√,故障情况在"运行日志记录"说明）			
		实时控制	视频图像	系统运行	机房环境

运行情况总结			
手动站点数	故障站点数	正常开灯数	亮灯率

运行日志记录
（记录运行中的各类系统、终端故障及处置情况）

审核人员		日期	

9. 上海市景观照明设施运行维护 工作指导意见(试行)

为加强本市景观照明设施运行维护管理,建立健全长效工作机制,进一步提高景观照明精细化管理水平,根据《上海市景观照明管理办法》制定本意见。

一、管理部门

市绿化市容部门是本市景观照明设施运行维护的行政主管部门,负责全市景观照明设施运行维护的指导协调和考核工作;区绿化市容部门负责所辖区域内景观照明设施运行维护的组织、指导协调和监督管理工作。

二、责任主体

景观照明设施的运行维护管理工作,按照"谁设置,谁负责"的原则,由设置者负责。

在景观照明规划核心区域、重要区域以及重要单体建(构)筑物且纳入集中控制的社会投资的景观照明设施,自行运行维护确有困难的,可由区绿化市容部门帮助落实运行维护责任主体。

景观照明设施运行维护可以通过购买服务方式委托专业第三方进行运行维护。

三、维护保养的主要内容

1. 景观照明灯具养护,包括灯具外观检查、支架牢固度检查、光源光衰检测等;

2. 景观照明供配电设施养护,包括配电箱的外观检查、内部电气回路、防雷接地可靠性检查等;

3. 景观照明供电电缆养护,包括对供电电缆的连接紧密度检查、电缆绝缘检查及外观检查等;

4. 景观照明灯具、供配电设施的日常清洁、保养等;

5. 景观照明集中控制系统的设施维护和运行;

6. 特殊天气的安全管理,包括:遇台风、暴雨、潮汛等特殊天气,应加强对景观照明设施全面检查;发现存在安全隐患的,应及时整修、加固或者先行关闭、断电直至拆除,必要时派专人看护。

维护的具体内容、标准参见《上海市绿化和市容管理局关于印发〈景观照明设施维护规范(试行)〉的通知》(沪绿容〔2017〕389号)。(见附件,其中的规范性引用文件应依据最新版本执行)

四、运维费用来源

1. 政府投资建设的景观照明设施,运维费用由财政性资金承担。

2. 社会投资建设的景观照明设施,运维费用由产权所有人或使用权人承担;核心区域、重要区域内以及重要单体建(构)筑物景观照明运行和维护的责任主体承担运维确有困难的,可由区绿化市容部门会同区发展改革、财政等有关部门制定政策予以支持。

五、运维费用标准

运维费用根据景观照明设备种类和设置、运行条件而定。如果法律法规规章、技术规范等没有具体规定且双方又没有约定的,可参照以下标准执行:景观照明工程质保期满后,根据景观照明项目规模、设施实际情况(包括设备种类、设置位置、已使用年限)和灯具基础质量、亮灯要求等客观情况,第一年按工程造价4%至6%选择,今后逐年递增1%,至12%封顶。具体标准结合各区财力实际确定。景观照明设施大修费用另行确定。

六、景观照明设施的使用年限

如无法律法规规章、技术规范等规定且又无双方约定,财政资金建设的景观照明设施使用年限建议一般为8 年,具体使用年限由区绿化市容部门根据景观照明设施的建设基础、大修和维护情况确定。

附件:上海市绿化和市容管理局关于印发《景观照明设施维护规范(试行)》的通知(沪绿容〔2017〕389 号)

附件

上海市绿化和市容管理局关于印发
《景观照明设施维护规范(试行)》的通知

各区绿化市容局、浦东新区环保市容局,各相关单位:

为规范本市景观照明及供配电设施维护保养的项目、内容、程序和标准要求,提高维护质量,确保景观照明设施完好,按时高质亮灯,特制定《景观照明设施维护规范(试行)》。现印发给你们,请遵照执行。

附件:景观照明设施维护规范(试行)

上海市绿化和市容管理局办公室

2017 年 9 月 30 日印发

通知附件

景观照明设施维护规范(试行)

一、范围

为促进本市景观照明行业发展,规范城市景观照明设施养护,提高维护保养管理水平,确保景观照明设施完好率,特制定本规范。

本规范规定了景观照明及供配电设施维护、保养过程中应遵循的技术规范,维护项目,维护周期,应急保障以及维护文档及台帐管理等内容。

本规范适用于在本市景观照明设施及与之关联的供配电设施(含线缆)。

景观照明设施、供配电设施的维护、保养,除应符合本规范的规定外,尚应符合国家、上海地区及行业的相关规定。

二、规范性引用文件

下列文件对于本文件的应用是必不可少的。凡是注日期的引用文件,仅所注日期的版本适用于本文件。凡是不注日期的引用文件,其最新版本(包括所有的修改单)适用于本文件。

GBT 1.1-2009 标准化工作导则 第 1 部分:标准的结构和编写

GB 50343-2004 建筑物电子信息系统防雷技术规范

GB 7000.1-2007 灯具　第一部分：一般要求与试验

DL/T 596-2005 电力设备预防性试验规程

DB31/T316-2012 城市环境(装饰)照明规范

三、术语和定义

下列术语和定义适用于本文件。

1. 亮灯率

在规定的亮灯时间内,实际亮灯数与应亮灯数之比的百分数。

2. 等电位联结

为达到等电位,多个可导电部分的电连接。

3. 避雷器

用于限制瞬态过电压和泄放电涌电流的电器,它至少应包含一个非线性元件。

4. 光衰

指电光源经过一段时间的点亮后,其光强会随着时间推移而降低。

5. 动态照明

通过控制照明装置的光输出变化,形成场景明、暗、色彩等变化的照明方式。

6. 色温

当光源的色品与某一温度下的黑体的色品相同时,该黑体的绝对温度为此光源的色温。

四、设施养护

（一）一般性规定

1. 设施巡查

景观照明设施养护主要通过例行巡查方式完成，并应根据景观照明区域的重要性进行调整，养护周期见下表。

项　　目	核心区域	重点区域	一般区域
照明设施巡查周期	每周巡查1次	每2周巡查1次	每月巡查1次
供配电设施巡查周期	每月巡查1次	每2个月巡查1次	每季度巡查1次

2. 养护目的

设施养护主要通过对景观照明、供配电设施进行外观检查、仪表检测等方式，检查照明、供配电设施是否有污损、故障或者安全隐患，并进行及时处置，确保景观照明及供配电设施完好。

3. 养护内容

景观照明及供配电设施的养护主要针对景观照明设施的日常运行和生产安全两部分内容，具体包括以下几项：

（1）景观照明灯具养护，包括灯具外观检查、支架牢固度检查，光源光衰检测等；

（2）景观照明供配电设施养护,包括配电箱的外观检查,内部电气回路,防雷接地可靠性检查等;

（3）景观照明供电电缆养护,包括对供电电缆的连接紧密度检查,电缆绝缘检查及外观检查等;

（4）景观照明灯具、供配电设施的日常清洁、保养等。

4. 养护记录

（1）在进行养护操作期间应做好相应的文档记录工作,对景观照明设施的外观、安全性、亮灯情况等进行检查,如实填写巡查记录表,并及时对巡查记录比对及归档。

（2）当发现景观照明设施的运行状况改变以及发生其他状况时,应及时更新养护记录。

5. 设施大修

（1）应定期对景观照明及供配电设施定期进行统一大修作业,大修宜每5至8年开展一次。

（2）大修过程中对使用年限超过5年的照明、供配电设施应重点检查,对存在损坏、腐蚀及其他质量问题的设施设备,应及时更换。

（二）景观照明设施检查及养护

1. 景观照明设施检查

（1）对处于使用阶段的景观照明设施,如灯具、光源、电器、支架等应进行定期养护;

（2）对于灯具、支架及固定件的检查应在日间进

行,主要包括检查灯具、支架是否有损坏,形变,腐蚀,脱落等情况;

(3) 对于景观照明设施的功能性检查应在夜间进行,主要包括检查照明设施是否存在不亮、光衰、闪烁、色差等情况;

(4) 对于 LED 等动态照明,应检查其色温及动态变化控制是否正常,是否存在闪烁、缺色等异常情况。

2. 景观照明设施清洁

(1) 定期对景观照明设施进行清洁,定期扫除灯具上附着的污物、灰尘等,确保灯光照射亮度;

(2) 在进行灯具清洁工作时,需要确保回路处于断电状态,并需要注意灯具表面及周围环境是否存在油脂或其他易燃物品,如发现则应将其尽快清除。

3. 灯具及支架保养

(1) 定期对灯具、底座,以及墙体的安装牢固情况进行检查,如发现连接部件松动或脱落应及时紧固,情况严重时需要进行更换处理;

(2) 发现灯具、支架及底座连接处存在锈蚀的,应清除锈蚀并进行防锈处理,锈蚀严重的情况需要对连接件进行更换处理。

4. 光源检测及保养

(1) 养护期间,应对景观照明光源的光衰情况进行

定期抽检,并对光衰严重的光源进行更换;

(2)根据照明光源的额定寿命,定期、批量更换光源,更换的光源应同原有光源标称指标一致。

(三)供配电设施养护

1. 景观照明配电箱保养

(1)定期检查景观照明配电箱,重点观察配电箱有无变形、破损、水浸、小动物滞留等情况,如情况严重则需要及时通报修复;

(2)定期对配电箱进行扫尘作业,一般每2周进行一次。

2. 配电箱电气回路保养

(1)对景观照明配电箱内电气回路应进行开箱检测,检查接地是否可靠、良好,接线螺丝有无松动、锈蚀等情况,并定期对配电箱内的接线端子进行紧固;

(2)检查电压表、电流表、负载容量是否相符,工作指示灯是否正常,并检查电气回路保护装置是否正常工作,相应的断路器、熔断器、空气开关、避雷器等装置是否损坏;

(3)检查接线端子是否存在过热氧化情况,配电输出是否存在缺相的情况,输出电流是否超过线路负荷;

(4)检查配电箱内设施、线缆、端子标识、电器原理图、物料清单等资料是否完好、清晰,如出现问题应及时改正。

（四）供配电线路养护

景观照明供配电线路由电缆、电缆沟（井）、电缆管（桥架）等构成，对供配电线路的养护主要是对上述部件的密封性、绝缘性进行检查和保养，确保其稳定、可靠、安全。

1. 供电电缆养护

（1）检查供电电缆连接处是否有松动，护套是否有松脱、损伤及动物噬咬痕迹；

（2）定期检查线路绝缘，要求导线绝缘电阻＞500 MΩ（兆欧），电缆绝缘电阻＞1 000 MΩ（兆欧）；

（3）对于电缆接线盒则要注意检查其是否存在破损情况，特别对于室外使用接线盒，要检查其防水密闭性能是否符合要求。

（4）对于破损的电缆应及时做好绝缘防护措施，损坏严重时应予以分段（全段）更换。

2. 电缆沟（井）、桥架、管线养护

（1）定期检查景观照明供电线路所涉及到的电缆沟、电缆井、电缆管以及电缆桥架等相关设备，确保其无损坏、移位、锈蚀、破损等情况；

（2）定期检查电缆过境孔、穿墙孔等处防水密闭情况，确保其无渗漏情况发生。

3.电缆相关标识检查

(1)定期检查线缆标识牌,确保其无损坏、脱落及模糊情况,并对损坏标识进行更换;

(2)定期对线缆标识同最新的工程图纸进行核对,出现不一致的情况应及时修正。

(五)防雷接地养护

1.定期检查景观照明、供配电设施防雷接地装置,确保其结构符合原设计要求,并正常工作;

2.检查景观照明灯具、支架接地情况,确保其接地连接部无松动、脱落、断裂及锈蚀等情况;

3.检查景观照明、供配电设施的接地引线状况,确保其表面涂层完好无脱落;

4.检查室外照明配电箱体同接地桩连接是否牢固,接地桩是否存在腐蚀;

5.定期对室外配电箱的接地电阻测试,工作接地电阻及保护接地电阻不高于 4 Ω;

6.定期检查配电箱内的避雷器,查看其是否有损坏、失效的情况。

五、设施维修

(一)一般性规定

1.景观照明及供配电设施维护施工应符合现行的国家相关规范(建筑、电气、消防),杜绝不规范操作;

2. 维修过程中所选用的替换件必须符合国家、行业的相关强制性标准,并具备 3C 认证,合法合规;

3. 常用维修替换件数量应不小于已安装该类部件数量的 3%,并应对备件消耗和流转做好记录,定期核对备件数量;

4. 对于定制产品,除了有厂商和型号标识外,应有详细的资料对其技术规格、结构等进行说明;

5. 实施景观照明设施维修的工程人员,数量应不少于 2 人,进行带电作业及高空作业时,必须持证上岗,并应采取保险带等安全措施。

(二)景观照明设施维修

1. 在进行灯具及光源更换时,相关技术参数应等同原灯具设施,对于同原有设备存在差异的参数,特别是色温、功率等方面参数,必须对其适用性进行评估;

2. 灯具的维修及更换应确保其安装方式同原有灯具相同,确保安装牢固度、照明角度,照明质量符合使用要求。

(三)供配电设施及线路维修

1. 对供配电设施进行维修时,所使用的维修备件技术指标应同被更换的部件一致;

2. 对于供电电缆出现损坏需要更换时,所使用的电缆指标应不低于原电缆,并应做好隐蔽工程,不得使

用飞挂等布线方式;

3. 如采用分段更换,则需要确保电缆接头处绝缘、防水性能符合安全要求。

六、保障与应急

(一)重要节假日与活动

1. 在重要节假日、重要活动保障前夕,应对景观照明设施、供配电设施进行全面检查;

2. 需要根据重要节假日开灯保障任务有针对性的进行试灯,确保景观照明正常亮灯。

(二)极端天气

1. 在台风、暴雨、暴雪、雷电等极端天气前、后,应对景观照明设施、供配电设施进行例行养护;

2. 需要重点对配电箱的保护回路、断路器、避雷器、接地装置等进行检查,并对配电箱外观及电缆孔密封情况进行检查,确保其防水、防雷性能;

3. 安排专人值班、待命,做好应急抢修车辆、设备、材料的准备并以书面形式向相关部门提供值班抢修人员名单、联系方式。

(三)防盗和防损

1. 根据现场情况采取恰当的临时处理措施,如有带电的裸线暴露在外面,应切断该路供电,并采用临时绝缘防护措施确保安全,防止事故扩大,减小熄灯范围;

2. 统计设施被盗、损坏数量,向管辖此地段的派出所报案、确认损失数量,将确认的数量书面上报相关部门备案,作为以后的恢复依据。

七、文档管理

1. 应对之前项目建设期间及前个运维周期间留下的资料进行整理、核对工作,确保相应图纸、资料、文档、手册没有遗漏;

2. 例行养护、巡检或者是故障维修、抢修等,均应做好相应的事件记录,时间记录应包括事件类型、事件描述、事件分析、处置手段、处理结果等内容,并应及时整理汇总;(见附录 A)

3. 完成相应的例行养护、维修等工作后,应及时对相关过程文档进行汇总、归档,并应对维修过程中的设备更换记录进行整理;

4. 当维修工作对原有设计结构造成改动时,应通过修改或者备注说明的方式对基础资料进行更新,确保景观照明设施基础资料的正确性;

5. 供配电箱主要包括原理图、接线图、二次回路图、物料清单表等;景观照明供电线路则主要包括管线图、接线图以及线缆规格表等资料;

6. 承接维护工作的单位应在其维护周期内对上述资料进行核对、整理及更新,并向业主单位及管理部门报备,确保其同现场情况相一致。

附录 A
（资料性附录）
养护及维修记录

表 A.1　设备备案表

工程名称					
单位					
序号	设备材料名称	规格型号	单位	数量	备注

注:表中设备材料名称应包含灯具设备、箱变、配电柜、控制箱及电缆等内容。

填表人:　　　　　　　　　　归档日期:　　年　月　日

表 A.2　灯具安装及变更记录表

工程名称			
灯具	型号：		
	外壳材质：		
	配光：		
	电器附件：		
	功率(W)：		
	生产厂家：		
电光源	类型	功率(W)	额定寿命(h)
	型号	色温(K)	显色性(Ra)
灯具安装	位置		
	数量		
	安装时间		
	灯具图片	灯具实际安装照片	
备注			
安装人		检查人	归档日期
注：每类灯具一份表格。			

表 A.3　配电箱(柜)安装记录表

工程名称	
生产厂家	
设备名称	
设备描述	空气开关(型号)：
	剩余电流动作保护器(型号)：
	交流接触器(型号)：
	避雷器(型号)：
	时间控制开关(型号)：
	其他：
安装位置	
安装方式	
安装日期	
系统图	(如图纸尺寸过大,请另附图纸)
备注	

安装人		检查人		日期	

表 A.4　日常运行检查记录表

工程名称					
序号	开启情况			亮灯率	备注
	平日	一般节假日	重大节日		
开灯时间			关灯时间		
注:亮灯率:应按平日、一般节假日、重大节日各自模式下应亮灯数计算。					
检查人		记录人		检查日期	检查时间

表 A.5 定期检查记录表

工程名称				
部位	检查项目	检查方式	检查结果	备注
灯具	各部位(含光源、电器)	目测、详检		
	固定支架	目测、详检		
	引线、软管、接地保护线	目测、详检		
	反射器及灯具内部	目测、详检		
	出光口与外观位	目测、详检		
	位置(投光灯具的)	目测、详检		
箱柜	仪表、信号灯	目测		
	箱体、箱门	目测		
	开关、断路器、接触器	手动检测		
	剩余电流动作保护器	手动检测		
	器件、接线端子	目测、详检		
线路	电缆管(含钢管或线槽)	目测、详检		
	电缆穿墙管的封堵	目测、详检		
	电缆支架	目测、详检		
	塑料护套电缆	目测、详检		
	可弯曲金属软管、接线盒	目测、详检		
	线路绝缘	遥测		
	电缆标志牌	目测		
防雷接地	灯具、箱盘、构架金属外壳、接地连接部	目测、详检		
	接地母线的表面涂漆	目测、详检		
	接地体	目测、详检		
	接地电阻	测量		
检查人		记录人		检查日期

表 A.6 故障维修报告

故障现象：		
用户描述：		
现场勘探情况：		
故障分析：		
处理方法：		
备注：		
维修及改进建议：		
维修人员确认：	用户确认：	日期：

10. 上海市户外广告、户外招牌、景观照明设施突发事件处置应急预案

1 总则

1.1 编制目的

建立健全本市绿化市容行业规范、高效的户外广告、户外招牌、景观照明设施应急处置体系,提高本市景观管理突发事件处置能力,保证应急处置工作高效、有序进行,最大限度防止或减少人员伤亡和财产损失,保障城市运行安全。

1.2 编制依据

《上海市实施〈中华人民共和国突发事件应对法〉办法》《上海市市容环境卫生管理条例》《上海市户外广告设施管理办法》《上海市户外招牌设置管理办法》《上海市景观照明管理办法》《上海市处置气象灾害应急预案》《上海市防汛防台专项应急预案》《上海市绿化和市容管理局突发事件应急预案管理实施办法》《上海市绿化和市容管理局突发事件总体应急预案》等。

1.3 适用范围

本预案适用于本市已设置的户外广告、户外招牌、

景观照明设施在发生各类突发事件时的应急处置。

1.4 工作原则

坚持统一指挥、分级负责,条块结合、以块为主,统筹兼顾、服从全局,以人为本、先人后物,以防为主、防救结合,科学决策、快速反应、果断处置,团结协作、形成合力、及时应对。

1.5 突发事件分级

户外广告、户外招牌、景观照明设施突发事件按照其性质、严重程度、可控性和影响范围等因素,分为四级:Ⅰ级(特大)、Ⅱ级(重大)、Ⅲ级(较大)和Ⅳ级(一般)。

(1) Ⅰ级(特大)突发事件是指本市发生户外广告、户外招牌、景观照明设施坠落、倒落、漏电或短路起火情况,造成3人及以上死亡或11人及以上受伤的。

(2) Ⅱ级(重大)突发事件是指本市发生户外广告、户外招牌、景观照明设施坠落、倒落、漏电或短路起火情况,造成人员2人及以下死亡或4至10人受伤的。

(3) Ⅲ级(较大)突发事件是指本市发生户外广告、户外招牌、景观照明设施坠落、倒落、漏电或短路起火情况,造成人员3人及以下受伤的。

(4) Ⅳ级(一般)突发事件是指本市发生户外广告、户外招牌、景观照明设施坠落、倒落、漏电或短路起火情况,没有造成人员伤亡的。

2 风险分析

根据上海市户外景观管理工作的行业特点,景观条线的突发事件主要包括:

(1) 台风、大风或雷雨大风等可能造成户外广告、户外招牌、景观照明设施坠落、倒落、漏电或短路起火。

(2) 暴雨、寒潮或暴雪等可能造成户外广告、户外招牌、景观照明设施坠落、倒落、漏电或短路起火。

(3) 雷电或高温等可能造成户外广告、户外招牌、景观照明设施用电危险。

(4) 非气象灾害情况下,因自身紧固、负载、用电等原因,可能造成户外广告、户外招牌、景观照明设施坠落、倒落、漏电或短路起火。

3 组织体系

3.1 领导机构

《上海市绿化和市容管理局突发事件总体应急预案》(以下简称市局总体预案)明确,市局应急领导小组是全市绿化市容行业突发事件应急管理工作的领导机构,户外广告、户外招牌、景观照明设施突发事件应对工作归属统一领导。

3.2 办事机构

市局总体预案明确,市局应急办是市局应急领导小组的日常办事机构,设在市局办公室。

3.3 工作机构

市局景观管理处在市局应急领导小组的统一领导下,受权负责组织、指挥、协调户外广告、户外招牌、景观照明设施突发事件应急处置工作,建立专项应急处置的组织体系,制定和完善应急处置的预案。

市局财务管理处、科技信息处、社会宣传处等职能处室分别负责户外广告、户外招牌、景观照明设施突发事件应急处置的资金保障、科技信息支撑和社会宣传工作。

市市容景观事务中心负责指导各区绿化市容管理部门、特定地区主管部门开展户外广告、户外招牌、景观照明设施突发事件的预防和应急处置工作;做好市局交办的户外广告、户外招牌、景观照明设施突发事件应急处置各项具体工作。

3.4 联动机构

各区绿化市容管理部门和临港新片区、自贸保税区、虹桥商务区、民用机场地区等特定地区主管部门(以下统称特定地区主管部门),应当完善和落实户外广告、户外招牌、景观照明设施突发事件应急处置工作体制和机制,制定辖区内户外广告、户外招牌、景观照明设施突发事件应急预案,组建并落实专职、兼职应急巡查抢险队伍,有条件的应组织开展应急演练。

各街镇管理部门(以下简称街镇)应按照相关法规、规章等要求制定应急处置预案或参照本预案,组建并落实专职、兼职应急巡查抢险队伍,按照预案要求组织突发事件的应急处置。

4 预防与预警

4.1 预防

4.1.1 日常监管

加强户外广告、户外招牌、景观照明设施的日常管理,加强宣传,明确设置人主体责任。户外广告、户外招牌设施的设置应当经所在区绿化市容局(以下简称区局)审批同意,并由具有相应资质或能力的施工单位、技术人员施工和安装,定期进行维护和安全检测。

4.1.2 抽查整改

各区局、街镇及特定地区主管部门要加强户外广告、户外招牌、景观照明设施的检查和检测工作。结合日常监管情况,委托有资质的第三方专业检测单位,有针对性地对辖区内户外广告、户外招牌、景观照明设施开展抽查。抽查发现有安全隐患的户外广告、户外招牌、景观照明设施,应当及时通知设置人和所有权人采取措施消除隐患。

4.2 预警

4.2.1 预警级别

户外广告、户外招牌、景观照明设施突发事件应急处置预警级别沿用气象灾害预警级别和本市防汛防台灾害预警级别,分为四级:Ⅳ级(一般)、Ⅲ级(较重)、Ⅱ级(严重)和Ⅰ级(特别严重),依次用蓝色、黄色、橙色和红色表示。

4.2.2 预警信息

各区局、街镇及特定地区主管部门应当密切关注上海中心气象台和市防汛指挥部等发布的台风、大风、暴雨、暴雪等恶劣天气预警信息和防汛防台预警信息。

上海中心气象台和市防汛指挥部发布、调整和解除相关气象、防汛防台预警信息,市局、区局、特定地区主管部门的应急值守部门应当及时将讯息通知有关部门和单位。

5 应急响应

5.1 应急响应行动

5.1.1 应急值班

市局、区局、街镇及特定地区主管部门的应急处置部门应根据不同的应急预警级别分别启动相对应的应急值班,落实应急值班人员,保持通信畅通。区局、街镇应急处置部门应根据要求及时将值班人员表上报上级应急办公室。上级应急处置部门应视情对下级单位(部门)应急值班情况进行点名或抽查。

5.1.2 应急巡查

各区局、各街镇和特定地区主管部门的应急巡查抢险队伍应根据不同级别预警信号对应的应急响应措施,对各自辖区开展全方位应急巡查工作,尤其对人流密集区、重要商圈、建成时间久、体积大、位置高、旧改基地、附着在老旧建筑上以及停业歇业无主的户外广告、户外招牌、景观照明设施,应加强重点巡查。市局将根据情况对重要区域、重要道路进行检查。

5.1.3 应急整改

市局检查中发现存在安全隐患的,应第一时间通知相关区局或特定地区主管部门,督促其落实整改,及时汇总整改情况。各区局、街镇和特定地区主管部门应急巡查发现问题的,应及时督促整改并做好记录。对隐患情况复杂、短期内难以完成整改的,要制订并落实防范措施限期整改,并做好跟踪督查。

5.1.4 应急防护

应急处置人员及现场调查人员必须配置必要的安

全防护装备,并在实施处置过程中,根据气象条件及灾害的变化,及时采取相应对策,保护自身安全。

在实施人员转移、撤离过程中,应充分考虑气象因素的影响,采取必要的安全防护措施,避免发生次生、衍生事故。

5.2 应急响应措施

5.2.1 台风、大风

5.2.1.1 气象部门发布Ⅳ级(蓝色)预警信号或市防汛指挥部发布相应防汛防台Ⅳ级(蓝色)预警信号时

(1)各区局、各街镇和特定地区主管部门的应急巡查抢险队伍进入工作状态,启动应急巡查。

(2)各区局、各街镇和特定地区主管部门通知户外广告、户外招牌、景观照明设施责任单位全面做好自查,发现隐患及时采取加固或防范措施。

5.2.1.2 气象部门发布Ⅲ级(黄色)预警信号或市防汛指挥部发布相应防汛防台Ⅲ级(黄色)预警信号时

(1)各区局、各街镇和特定地区主管部门对辖区内人流密集区、重要商圈、建成时间久、体积大、位置高、旧改基地、附着在老旧建筑上以及停业歇业无主的户外广告、户外招牌、景观照明设施开展重点巡查,发现隐患立即处理。

(2)各区局、各街镇和特定地区主管部门组织拆除所有灯电杆旗等临时性户外广告设施(贴膜除外)。

(3) 采取Ⅳ级预警信号时应急响应的有关措施。

5.2.1.3 气象部门发布Ⅱ级(橙色)预警信号或市防汛指挥部发布相应防汛防台Ⅱ级(橙色)预警信号时

(1) 市局视情对重要区域、重要道路周边户外广告、户外招牌、景观照明设施进行检查。

(2) 各区局、各街镇和特定地区主管部门视情关闭所有或部分景观照明,切断可能存在安全隐患的户外广告、户外招牌设施的照明电源。

(3) 各区局、各街镇和特定地区主管部门通知大型户外广告、户外招牌设施设置使用方组织力量,对设置在高楼顶部、受风口及一些设置年限比较长、受风面较大、易发生险情的户外广告、户外招牌设施,采取抽板、拉布等措施,减少受风阻力。

(4) 采取Ⅲ级预警信号时应急响应的有关措施。

5.2.1.4 气象部门发布Ⅰ级(红色)预警信号或市防汛指挥部发布相应防汛防台Ⅰ级(红色)预警信号时

(1) 各区局、各街镇和特定地区主管部门关闭所有景观照明;对出现安全隐患的户外广告、户外招牌、景观照明设施视情会同有关部门设置安全警戒线,确保市民人身安全。

(2) 采取Ⅱ级预警信号时应急响应的有关措施。

5.2.2 暴雨、寒潮、暴雪

5.2.2.1 气象部门发布Ⅲ级(黄色)预警信号或市防汛指挥部发布相应防汛防台Ⅲ级(黄色)预警信号时

(1)各区局、各街镇和特定地区主管部门进入工作状态,应急巡查抢险队伍启动应急巡查。

(2)各区局、各街镇和特定地区主管部门重点检查设施电源、电线等设备,发现隐患及时断电整改;对设施易积水、积雪、结冰部位及时做好清理。

5.2.2.2 气象部门发布Ⅱ级(橙色)预警信号或市防汛指挥部发布相应防汛防台Ⅱ级(橙色)预警信号时

(1)各区局、各街镇和特定地区主管部门视情关闭所有或部分景观照明,切断可能存在安全隐患的户外广告、户外招牌设施的照明电源。

(2)采取Ⅲ级预警信号时应急响应的有关措施。

5.2.2.3 气象部门发布Ⅰ级(红色)预警信号或市防汛指挥部发布相应防汛防台Ⅰ级(红色)预警信号时

(1)各区局、各街镇和特定地区主管部门关闭所有景观照明。

(2)采取Ⅱ级预警信号时应急响应的有关措施。

5.2.3 雷电、高温

5.2.3.1 气象部门发布Ⅱ级(橙色)预警信号时

(1)各区局、各街镇和特定地区主管部门进入工作状态,应急巡查抢险队伍启动应急巡查。

(2) 各区局、各街镇和特定地区主管部门视情关闭所有或部分景观照明,切断可能存在安全隐患的户外广告、户外招牌设施的照明电源。

5.2.3.2　气象部门发布 I 级(红色)预警信号时

(1) 各区局、各街镇和特定地区主管部门关闭所有景观照明。

(2) 采取 II 级预警信号时应急响应的有关措施。

5.3　抢险应急处置方案

户外广告、户外招牌设施坠落、倒落应急处置方案

(1) 区局、特定地区主管部门收到户外广告、户外招牌设施坠落、倒落等事故信息后,应立即上报区有关部门,同时报市局。

(2) 有关区局、特定地区主管部门或街镇的应急处置队伍应当在接到指令后第一时间到达现场,按照先人后物、清障保畅的原则进行处置。

(3) 现场如有人员受伤,配合做好救助工作;协助有关部门对现场采取隔离、封路措施,确保户外广告、户外招牌设施坠落、倒落现场不发生次生灾害;对坠落、倒落的广告、招牌设施及时进行现场切割,集中堆放在不影响交通通行的区域。

(4) 协助有关部门将坠落、倒落的广告、招牌设施

运离现场,配合做好撤除隔离、封路设施,恢复道路通行等工作。

5.4 信息报送、处理和发布

5.4.1 信息报送、处理

户外广告、户外招牌、景观照明设施突发事件应急处置信息实行分级上报。各区局、各街镇及各特定地区主管部门应按照全市统一的户外广告、户外招牌、景观照明设施突发事件应急处置信息报送口径,通过政务微信平台灾情直报系统或其他通讯平台报送有关工作信息。

各区局、各特定地区主管部门应对辖区内的统计数据进行合理性校验,确保数据真实合理,必要时应及时派员赴现场开展灾情核查,并及时上报区有关部门和市局。

市局景观管理部门应全面及时了解本行业内处置应对工作和灾害损失情况,负责对各区局、各特定地区主管部门统计数据进行汇总并报市局应急办。

险情、灾情发生后,各区局、各街镇及各特定地区主管部门要按照相关预案的规定,在组织抢险救援的同时,及时汇总相关信息并迅速报告市局应急办及区有关部门。

5.4.2 信息发布

市局社会宣传处牵头户外广告、户外招牌、景观照明设施突发事件应急处置的社会宣传工作。除按规定由上级部门统一审核发布的信息外,其他突发事件信息发布按照市局新闻发布和舆情引导的相关制度执行。确有必要向社会公开突发事件有关信息时,原则上Ⅱ级及以下级别应急事件信息由各区局或特定地区主管部门发布,社会宣传处会同景观管理处做好指导协调工作;Ⅰ级应急事件信息由市局对外发布,局景观管理处提供信息发布口径的文字材料,经市局应急领导小组审议后,由社会宣传处统一对外发布,必要时召开媒体通气会专题说明。媒体记者若提出对突发事件现场或相关负责人进行采访,由社会宣传处按照局新闻采访规定流转办理。社会宣传处做好突发事件的舆情监测研判工作,适时发动行业力量开展舆论引导。

5.5 应急结束

当应急处置工作结束或者上海中心气象台、市防汛指挥部解除有关预警信号后,转入常态管理。

6 后期处置

6.1 工作统计

发生突发事件的区域,所在区局、特定地区主管部门应做好户外广告、户外招牌、景观照明设施拆除、加固数量及遭受损失数量的统计工作,并及时上报市局应急办公室。

6.2　善后处置

各区局、各街镇及各特定地区主管部门应及时组织人员全面检查辖区内所有户外广告、户外招牌、景观照明设施,存在安全隐患的应及时排除。对因应急响应采取撤除、拉布、抽板等措施的户外广告、户外招牌设施,应及时恢复设施原状。景观照明因应急响应关闭的,经安全检查后,视情恢复开放。

6.3　调查总结

发生各类突发事件的区域,所在区局、特定地区主管部门应按要求组织专业单位或者配合应急主管部门做好现场调查,分析事件发生原因,并及时将事件分析报告上报市局应急办公室。

7　应急保障

7.1　组织保障

各区局和特定地区主管部门应制定符合本地区实际的户外广告、户外招牌、景观照明设施突发事件应急分预案,明确职责分工,落实责任到人,并按要求建立相应的组织架构和队伍。

7.2　车辆和设施保障

各区局和特定地区主管部门应结合本辖区实际情

况,自行配备或临时租赁应急处置所必需的车辆、设施装备和通讯联络工具,并保持良好状态。在紧急处置中,应按现场指挥要求,确保在短时间内提供紧急处置所必需的车辆、抢险等设施装备。

7.3 应急队伍保障

各区局和特定地区主管部门应结合辖区实际情况,通过自行组建或购买服务等形式建立相应的专职、兼职应急巡查抢险队伍,并应为应急巡查抢险人员投保人身意外伤害保险。

8 附则

8.1 预案解释

本预案由市局景观管理处负责解释。

8.2 预案修订

市局景观管理处可根据实际情况,适时评估修订本预案。

8.3 预案实施

本预案自 2021 年 4 月 1 日起实施,有效期 5 年。

后　记

　　本书由上海市绿化和市容管理局组织编写,上海市绿化和市容管理局政策法规处(研究室)、景观管理处和上海市市容景观事务中心具体承担编写工作。在此,谨向上海市司法局、上海市人大常委会城建环保委在本书编写过程中给予的关心和指导,表示衷心感谢!

　　由于编写时间有限,书中难免有不妥之处,恳请读者批评指正。

编者

2024 年 11 月

图书在版编目(CIP)数据

《上海市景观照明管理办法》解读/上海市绿化和
市容管理局编. —上海:上海人民出版社,2025
ISBN 978-7-208-17456-6

Ⅰ.①上… Ⅱ.①上… Ⅲ.①城市公共设施-照明-
管理-法规-法律解释-上海 Ⅳ.①D927.510.229.7

中国版本图书馆 CIP 数据核字(2021)第 229849 号

责任编辑 秦　堃　史尚华
封面设计 夏　芳

《上海市景观照明管理办法》解读
上海市绿化和市容管理局 编

出　　版　上海人民出版社
　　　　　(201101　上海市闵行区号景路 159 弄 C 座)
发　　行　上海人民出版社发行中心
印　　刷　上海景条印刷有限公司
开　　本　850×1168　1/32
印　　张　10
插　　页　2
字　　数　250,000
版　　次　2025 年 1 月第 1 版
印　　次　2025 年 1 月第 1 次印刷
ISBN 978-7-208-17456-6/D·3875
定　　价　55.00 元